Bibliografische Information der Deutschen Nationalbibliothek:

Die Deutsche Nationalbibliothek verzeichnet diese Publikation in der Deutschen Nationalbibliografie; detaillierte bibliografische Daten sind im Internet über http://dnb.d-nb.de abrufbar.

Impressum:

Lektorat: Sarah Schönhöffer

Copyright © 2015 ScienceFactory

Ein Imprint der GRIN Verlag GmbH

Druck und Bindung: Books on Demand GmbH, Norderstedt, Germany

Coverbild: Marta Monika Czerwinski

Realität vs. Fiktion?
Günter Grass' *Blechtrommel* als autobiografischer und historischer Roman

Inhaltsverzeichnis

Darstellung von Geschichte in Günter Grass' Roman *Die Blechtrommel* 5
    Einleitung 6
    Literaturgeschichtliche Einordnung 8
    Die formale Darstellung von Geschichte 15
    Allegorie als inhaltliche Darstellung 27
    Die Aussage der *Blechtrommel* 89
    Schlussbemerkung 94
    Abkürzungen 96
    Literaturverzeichnis 96

Wer ist Oskar Matzerath? 99
    Einleitung 100
    Oskar Matzerath und seine Umwelt 101
    Oskar Matzerath in der Literaturkritik 113
    Parallelen zwischen Günter Grass und Oskar Matzerath 115
    Formales 116
    Fazit 118
    Literaturverzeichnis: 120

***Die Blechtrommel* als fiktive Autobiographie 121**
    Die Blechtrommel als fiktive Autobiographie 122
    Die Blechtrommel – ein Schelmenroman mit Kennzeichen der Satire 127
    Faschismus 128
    Literaturverzeichnis 131

Die Belchtrommel – **Zur Kritik von Marcel Reich-Ranicki**............133
   Einleitung 134
   Oskars Protest...135
   Oskar, die Karikatur des Menschen?.......................................141
   Fazit..149
   Literaturverzeichnis..152

Einzelbände..**154**

Darstellung von Geschichte in Günter Grass' Roman *Die Blechtrommel*

Anke Balduf

2002

Einleitung

Günter Grass' Roman *Die Blechtrommel* gilt nicht erst seit der Verleihung des Nobelpreises 1999 an den Autor als eines der bedeutendsten Werke deutscher Nachkriegsliteratur. In der Preisbegründung wurde ausdrücklich darauf hingewiesen, dass es gewesen sei, „als wäre der deutschen Literatur nach Jahrzehnten sprachlicher und moralischer Zerstörung ein neuer Anfang vergönnt worden".[1] Auf fast 800 Seiten beschreibt Grass mehr als nur ein Stück Vorkriegs-, Kriegs- und Nachkriegsgeschichte. Doch Grass hatte nicht die Absicht, mit der *Blechtrommel* einen Beitrag zur Bewältigung der deutschen Vergangenheit zu liefern, vielmehr:

> „Mich hat nicht edle Absicht getrieben, die deutsche Nachkriegsliteratur um ein robustes Vorzeigestück zu bereichern. Und auch der damals billigen Forderung nach ‚Bewältigung der Vergangenheit' wollte und konnte ich nicht genügen, denn mein Versuch, den eigenen (verlorenen) Ort zu vermessen und mit Vorzug die Ablagerungen der sogenannten Mittelschicht (proletarisch-kleinbürgerlicher Geschiebemergel) Schicht um Schicht abzutragen, blieb ohne Trost und Katharsis. Vielleicht gelang es dem Autor, einige neu anmutende Einsichten freizuschaufeln, schon wieder vermummtes Verhalten nackt zu legen, der Dämonisierung des Nationalsozialismus mit kaltem Gelächter den verlogenen Schauer regelrecht zu zersetzen und der bis dahin ängstlich zurückgepfiffenen Sprache Auslauf zu verschaffen; Vergangenheit bewältigen konnte (wollte) er nicht." (IX, S.625)

Das Hauptziel der *Blechtrommel* ist somit Darstellung von Geschichte, genauer gesagt, die Darstellung der nationalsozialistischen Zeit, und der Umgang mit dieser Vergangenheit in der Nachkriegszeit. Er wollte keine neuen An-, beziehungsweise Einsichten in der *Blechtrommel* präsentieren, sondern von bereits vorhanden Einsichten ausgehen, die er einfach nur wieder im Bewusstsein des Lesers präsent machen wollte. Dies erreicht Grass, indem er seinen Erzähler Oskar Matzerath die kleinsten Details und die hintersten Winkel des Kleinbürgertums beschreiben und ausleuchten lässt. Der Blick wird auf das Menschliche gelenkt, auf die Gewohnheiten, Traditionen, Bedürfnisse und Vorlieben. So wird es dem Leser ermöglicht, sich seine eigene Meinung zu bilden. Nach den Gründen für das Aufkommen des Phänomens

---

[1] DER SPIEGEL 40/ 1999, S.295.

Nationalsozialismus wird im Roman nicht gefragt, genauso wenig wie eine Antwort auf diese unausgesprochene Frage gegeben wird.[2] Hans Magnus Enzensberger beschreibt dies so:

> „Ich kenne keine epische Darstellung des Hitlerregimes, die sich an Prägnanz und Triftigkeit mit der vergleichen ließe, welche Grass, gleichsam nebenbei und ohne das mindeste antifaschistische Aufheben zu machen, in der *Blechtrommel* liefert. Grass ist kein Moralist. Fast unparteiisch schlitzt er die „welthistorischen" Jahre zwischen 1933 und 1945 auf und zeigt ihr Unterfutter in seiner ganzen Schäbigkeit. Seine Blindheit gegen alles Ideologische feit ihn vor einer Versuchung, der so viele Schriftsteller erliegen, der nämlich, die Nazis zu dämonisieren. Grass stellt sie in ihrer wahren Aura dar, die nichts Luziferisches hat: in der Aura des Miefs."[3]

Auch die Nachkriegszeit wird in ihrer schonungslosesten Form präsentiert. Das Augenmerk des Lesers wird auf die vielen Versuche, die Vergangenheit auf sich beruhen zu lassen, gerichtet und er erhält so Einblick in das große Thema der Vergangenheitsbewältigung. Auch hier versucht der Erzähler, den Leser an den kleinen Einzelheiten teilnehmen zu lassen, um ihm so den Blick auf das große Ganze zu geben und letztendlich Verständnis und Erkennen zu ermöglichen.

Diese Arbeit soll sich mit der Darstellung der Geschichte in der *Blechtrommel* befassen, was sowohl die Zeit des Nationalsozialismus wie auch die Nachkriegszeit einschließt. Dabei wird die Künstlerproblematik weitgehend außer Acht gelassen, da der Schwerpunkt auf der Allegoriefunktion des dargestellten Kleinbürgertums liegen wird.

Zuerst wird die literarische Zeitgeschichte diskutiert, mit einem besonderen Augenmerk auf Günter Grass und seine Stellung in der Nachkriegsliteratur. Danach wird die formale Darstellung von Geschichte in der *Blechtrommel* dargelegt, da die Form den Inhalt stützt. Hier geht es vor allen Dingen um Wortwahl und Syntax, ein Grund, warum auch Oskars sarkastische Darstellung in diesem Kapitel enthalten ist. Das anschließende Kapitel thematisiert die

---

[2] Rothenberg sieht dies anders. Seiner Meinung nach sieht Oskar in der Ordnungsvernarrtheit und Leichtgläubigkeit der Kleinbürger den Grund für das Aufkommen des Nationalsozialismus.
Rothenberg, Jürgen: Günter Grass. Das Chaos in verbesserter Ausführung: Zeitgeschichte als Thema und Aufgabe des Prosawerks. Heidelberg, 1976. S.15.
[3] Enzensberger, Hans Magnus: Wilhelm Meister, auf Blech getrommelt. In: Gert Loschütz: Von Buch zu Buch – Günter Grass in der Kritik. Neuwied, Berlin, 1965, S.10.

inhaltliche Darstellung von Geschichte, die sich am besten mit dem Begriff ‚Allegorie' umschreiben lässt. Maßgeblich hierfür ist Oskars Blick auf das Kleine und scheinbar Unwesentliche. Dieses Kapitel ist in drei große Bereiche unterteilt. Der erste befasst sich mit den Kleinbürgern und ihren Haltungen für oder gegen den Nationalsozialismus sowie ihren Verhaltensweisen. Im zweiten wird die Vermittlung politischen Geschehens untersucht. Dies geschieht hauptsächlich anhand von einzelnen Kapiteln des Romans, die eine allegorische Funktion haben und mit ihren kleinen Ereignissen auf größere hinweisen. Aber auch einige Beschäftigungen der Kleinbürger, wie das Skatspiel, haben allegorische Funktionen in der *Blechtrommel*, darum werden auch sie besprochen. Der dritte Teil dieses Kapitels zeigt dann die Verhaltensweise der Gesellschaft in der Nachkriegszeit. Hier sind vor allem die Vergangenheitsbewältigung und das Verdrängen ein Thema, sowie die Gefahr des Umschlags und der Rückkehr. Aber auch die Art von Gesellschaft, die sich in der Nachkriegszeit bildet, ist in der *Blechtrommel* von Bedeutung und wird in dieser Arbeit behandelt. Im letzten Kapitel wird die Aussage der *Blechtrommel* hinsichtlich der Geschichtsdarstellung diskutiert. Von Bedeutung ist hier vor allem das Geschichtsbild, welches in der *Blechtrommel* vorherrschend ist.

Literaturgeschichtliche Einordnung

Die Nachkriegsliteratur

Am 8.Mai 1945 begann in Europa ein neues Zeitalter – die Nachkriegszeit. Für die Deutschen bedeutete dies, dass „eine Wirklichkeit, an der alle beteiligt waren, handelnd, leidend, nutznießend, an ihrem äußersten unerträglichen Punkt plötzlich außer Kraft gesetzt"[4] worden war. Meldungen über die Verbrechen der Nazi-Diktatur erreichten die Deutschen über die Zeitungen der Besatzungsmächte. Fotos über die Konzentrationslager wurden veröffentlicht, die Lager selbst geöffnet, und die Mitläufer der Nationalsozialisten versuchten unterzutauchen. Das Bürgertum, nach Lattmann „die breite Leserschaft all dessen, was man in Deutschland als Literatur verstand", konnte nicht begreifen, „dass aus dem Land der Dichter und Denker zu eigenen Lebzeiten und damit offenbar nicht gänzlich außer Kontrolle das „Land der Richter und Henker" (Karl Kraus) geworden war"[5]. Die Kollektivschuldthese kam auf, und wurde in

---

[4] Lattman, Dieter: Die Literatur der Bundesrepublik. Zürich und München, 1973, S.10.

[5] Lattman, Dieter: Die Literatur der Bundesrepublik. S.12.

den ersten Nachkriegsjahren vielfach erörtert und diskutiert, meist in Zusammenhang mit dem Schlagwort von der „unbewältigten Vergangenheit". Letzteres wurde „zu einer der meistbenutzten Leerformeln der folgenden Jahre: ein Gemeinplatz der öffentlichen Sprache, der jede Erörterung des konkreten historischen Sachverhalts erübrigte"[6]. Eine Nation sah sich vor die unlösbare Aufgabe gestellt, sich mit ihrer Vergangenheit vor der Weltöffentlichkeit auseinander zu setzen, ohne dabei gänzlich das Gesicht zu verlieren und gleichzeitig eine Republik aufzubauen, die auf den Vorstellungen der Alliierten basierte. Denn „zum zweiten Mal hatten sich die Deutschen in einem Weltkrieg eine Demokratie anverloren, die sie aus eigener Kraft niemals zustande gebracht hatten"[7]. Die Öffentlichkeit litt unter der eigenen Unsicherheit angesichts dieser neuen Lebenssituation, und erwartete darum von den Schriftstellern, das Gewissen der Nation zu verkörpern: „Man wollte kündende, ergreifende, womöglich erlösende Worte hören, Dichterworte, welche die innere Situation der Zuhörer auszudrücken vermochten."[8]

Vor der Betrachtung der Nachkriegsliteratur soll jedoch ein Blick auf die literarische Zeit vor 1945 zeigen, dass Schriftsteller sich bereits mit dem Phänomen Nationalsozialismus beschäftigten. Helmut Koopmann[9] teilt diese Zeit in zwei Phasen ein, beginnend mit den dreißiger Jahren: Die Phase der Historisierung und die Phase der Psychologisierung. Zwischen 1930 und 1939 gab es fast keinen Schriftsteller, der nicht versucht hätte, den Nationalsozialismus zu erklären und vor ihm zu warnen. Koopmann gibt als Beispiel für diese Phase Bertolt Brechts Roman *Die Geschäfte des Herrn Julius Cäsar*, in dem Brecht Parallelen zieht zwischen dem wirtschaftlichen Treiben in Cäsars Rom und dem Heraufkommen Hitlers. Brecht bemüht sich, „die Hintergründe bloßzulegen, die dazu führten, dass es zum Faschismus kam"[10]. Das Problem dieser Art von Darstellung sieht Koopmann darin, dass die Gattung des historischen Romans eben doch nur ein Geschichtsbuch blieb, die Bilder und historischen Beispiele ermöglichten es dem Leser nicht, den Bezug zur Gegenwart zu sehen. Darüber hinaus wirkt die Weltgeschichte dann nur als eine

---

[6] Ebd, S.11.

[7] Ebd, S.12.

[8] Ebd, S.12.

[9] Koopmann, Helmut: Der Faschismus als Kleinbürgertum und was daraus wurde. In: Franz Josef Görtz (Hg): Günter Grass. Auskunft für Leser. Darmstadt, Neuwied, 1984, S.95-123.

[10] Koopmann, Helmut: Der Faschismus als Kleinbürgertum und was daraus wurde. S.96.

Wiederholung des ewig Gleichen, das Aktuelle wird dadurch geradezu entaktualisiert.[11] Ein weiteres Beispiel hierfür ist nach Koopmann Heinrich Manns Roman *Henri Quatre*, dessen Hauptfigur, der Prediger Boucher, als Goebbels-Porträt angesehen wird. Aber auch hier wird nur das wiedergegeben, was bekannt war – Nazi-Propaganda. Die Phase der Historisierung brachte „nur Verdeutlichung, keine Erklärung"[12].

Den bekanntesten Vertreter der Phase der Psychologisierung sieht Koopmann in Thomas Mann, der den Nationalsozialismus mit „der Seelengeschichte der Deutschen" verband und ihn als „etwas von Anfang an Angelegtes, tief Eingewurzeltes, [als] die eigentliche Gefahr und Krankheit der Deutschen" betrachtete.[13] Auch die Emigrationsliteratur dieser Zeit brachte bei der Darstellung des Nationalsozialismus nichts Neues. Wiederholung und Vergleich herrschten vor. Aber es konnte auch zu keiner grundlegenden Analyse des Phänomens kommen, da die den Nationalsozialismus begünstigenden Faktoren einfach noch nicht erkennbar und darum nicht bekannt waren. Drei Namen nennt Koopmann jedoch. Drei Autoren, die seiner Meinung nach die „Wirklichkeit der diabolischen Vorgänge" unmittelbar darstellten: Bertolt Brecht, Anna Seghers und Klaus Mann.[14]

In den ersten Nachkriegsjahren bemühten sich die wenigsten Autoren um eine Auseinandersetzung mit dem Nationalsozialismus. Merkmal gebend für das literarische Deutschland dieser Jahre war vielmehr „eine Innerlichkeit, zu deren Kennzeichen weiterhin die politische Neutralität, das Sich-Heraushalten aus den niederen alltäglichen Umtrieben, die Versetzung ins vermeintlich Wesentliche zählen"[15]. Die Dichter der inneren Emigration bestimmten die literarische Szene: Gerhard Hauptmann, Ernst Jünger, Hermann Claudius, Friedrich Georg Jünger, Werner Bergengruen[16], um nur einige zu nennen. Sie suchten der Realität zu entfliehen, indem sie „die vielberufene heile Welt"[17], das ‚bessere'

---

[11] Ebd, S.97.

[12] Ebd, S.97.

[13] Ebd, S.99.

[14] Ebd, S.100-101.

[15] Vormweg, Heinrich: Deutsche Literatur 1945-1960: Keine Stunde Null. In: Manfred Durzak (Hg): Die deutsche Literatur der Gegenwart. Aspekte und Tendenzen. Stuttgart, 1971, S.14.

[16] Ebd, S.16.

[17] Koopmann, Helmut: Der Faschismus als Kleinbürgertum und was daraus wurde. S.103.

Deutschland lieferten. Innerhalb der literarischen Szene wurde eine „elementare Sprachlosigkeit" angesichts der zurückliegenden Katastrophe konstatiert, die Forderung nach einem Neubeginn wurde lauter. Das Problem stellte sich nach Vormweg folgendermaßen dar: Die Sprache unterlag noch dem Zwang der Nachkriegszeit, die „verquollene, entstellte lügnerische Sprache des Naziregimes"[18] war allen noch lebhaft in Erinnerung. Die Sprache, welche die Autoren der inneren Emigration verwendeten, war nach Kim „keine Kostümierung von Sprachlosigkeit, sondern eine gut kalkulierte Flucht vor der realen Verantwortung und Schuld"[19]. Ebenso melden sich die Exilautoren zu Wort. Sie belebten erneut die Literatur des Expressionismus. Die deutsche Öffentlichkeit war jedoch zunächst tief enttäuscht über die Haltung Thomas Manns, der nicht nach Deutschland zurückkehren wollte. Manns *Doktor Faustus* wurde wegen seiner Zeitlosigkeit gelobt, gleichzeitig kann jedoch gesagt werden, dass Thomas Mann gerade wegen seiner dämonisierenden Darstellung des Nationalsozialismus dem Irrationalismus der Zeit entsprach[20]. Hoch erfreut war man allerdings über die Verleihung des Nobelpreises an Herman Hesse 1946, denn „man sah in ihm nicht vorrangig den schon seit 1923 eingebürgerten Schweizer, sondern den deutsch schreibenden Autor einer Republik des Geistes"[21]. Auch Hesses *Glasperlenspiel* präsentierte sich zeitlos, und die breite Anerkennung, die er in der deutschen Gesellschaft fand, kann zurückgeführt werden auf seine idealistische, rein geistige Haltung, die Kunst, Kultur und Bildung verabsolutierte.[22]

Es besteht ein breiter Konsens in der Forschung, dass es keinen Neuanfang, keine „Stunde Null" in der deutschen Nachkriegsliteratur gegeben hat. Die Suche nach dem besseren Deutschland, nach alten Traditionen, erzeugte einen mächtigen „Sog, der die Stunde Null von Anfang an widerlegte"[23]. Die Stunde Null gab es nicht, es gab nur „die Stunde äußersten physischen und ideologischen Elends, die Stunde der Unfähigkeit zu kritischem Denken, die

---

[18] Vormweg, Heinrich: Deutsche Literatur 1945-1960: Keine Stunde Null. S.28.

[19] Kim, Nury: Allegorie oder Authentizität. Zwei ästhetische Modelle der Aufarbeitung der Vergangenheit: Günter Grass' Die Blechtrommel und Christa Wolfs Kindheitsmuster. Frankfurt am Main, 1995. S.28.

[20] Ebd, S.31, 37.

[21] Lattmann, Dieter: Die Literatur der Bundesrepublik Deutschland. S.12.

[22] Kim, Nury: Allegorie oder Authentizität. S.31.

[23] Lattman, Dieter: Die Literatur der Bundesrepublik. S.18.

Stunde der Anfälligkeit für die geringsten Tröstungen"[24]. Einzig für die Schriftsteller der jungen Generation stellt Kim ein „Stunde-Null-Bewusstsein"[25] fest, doch diese Generation schwieg zunächst. 1949 forderten Wolfgang Weyrauch und Wolfdietrich Schnurre dann den „Kahlschlag" und den „Auszug aus dem Elfenbeinturm"[26], eine radikale Entschlackung der Sprache, ein Freimachen der Sprache vom Dasein des Instruments der Herrschenden, vor allem der Nazi-Diktatur.[27] Diese Forderung sollte erfüllt werden, aber mit Sicherheit anders, als es sich so mancher vorgestellt hatte.

Günter Grass

Im Oktober des Jahres 1958 stellte ein junger Autor das Anfangskapitel seines ersten Romans auf einer Tagung der Gruppe 47 im Gasthof „Adler" im Allgäu vor. Sein Text wurde als „neuartig, vital, mitreißend, bildhaft" empfunden, „er kam, las und siegte".[28] Dieser junge Autor war Günter Grass, und er gewann das Preisgeld der Gruppe 47. Als er dann im darauffolgenden Jahr seinen Erstlingsroman *Die Blechtrommel* auf der Frankfurter Buchmesse vorstellte, brach sowohl ein Kritikersturm der Entrüstung als auch der Begeisterung los. Ein ähnliches Aufsehen erregte in diesem Jahr nur Uwe Johnsons *Mutmaßungen über Jakob*. *Die Blechtrommel* aber ging als „der deutschsprachige Klassiker der Nachkriegszeit"[29] in die Literaturgeschichte ein, sie markierte „1959 einen Wendepunkt in der deutschen Nachkriegsliteratur"[30]. Sie war „das Wecksignal der deutschen Nachkriegsliteratur, deren eigentlicher Beginn und auch schon Höhepunkt"[31].

---

[24] Vormweg, Heinrich: Deutsche Literatur 1945-1960: Keine Stunde Null. S.16.

[25] Kim, Nury: Allegorie oder Authentizität. S.29.

[26] Vormweg, Heinrich: Deutsche Literatur 1945-1960: Keine Stunde Null. S.15.

[27] Lattman, Dieter: Die Literatur der Bundesrepublik. S.88.

[28] Ebd, S.82.

[29] Arker, Dieter: Nichts ist vorbei, alles kommt wieder. Untersuchungen zu Günter Grass' „Blechtrommel". Heidelberg, 1989, S.V.

[30] Krumme, Detlef: Günter Grass. Die Blechtrommel. München, Wien, 1986, S.33.

[31] DER SPIEGEL 40/1999, S.300.

Was machte diesen Roman so besonders, was unterschied ihn von allen anderen? Zum einen die Tatsache,

> „dass ich [Günter Grass] bei dem Roman Blechtrommel auch bewusst gegen eine Tendenz der unmittelbaren Nachkriegsliteratur angeschrieben habe, die sich wortlos verstand, zeitlos verstand"[32].

Grass setzt gerade diese Ort- und Zeitlosigkeit außer Kraft, indem er den Ort genau benennt, die Zeit genau benennt, und obendrein auch noch eine Bürgerschicht genau beschreibt, die vorher mit dem Nationalsozialismus nicht in Verbindung gebracht worden war. Bei Grass „enthüllt sich der Nationalsozialismus als ausgebrochenes Kleinbürgertum, als Mitläufertum"[33]. Am deutlichsten wird die Besonderheit der Blechtrommel aber mit der Tatsache gekennzeichnet, „dass so wenig nach den Gründen für das Aufkommen der braunen Bewegung gefragt wird"[34]. Statt nach Gründen zu fragen, beschränkt sich Grass auf das, was er kennt: die Beschreibung der kleinbürgerlichen Welt Danzigs. Grass beschreibt, stellt dar, und dies tut er mit seiner ganz eigenen Sprache. Gleichzeitig weist er Sprache wieder als „reiches und flexibles Medium" und als vertrauenswürdig aus.[35] Hans Magnus Enzensberger, dessen frühe Besprechung der *Blechtrommel* bis heute Gültigkeit hat, beschreibt Grass' Sprache so:

„Seine Sprache richtet sich dieser Autor selber zu. Und da herrscht kein Asthma und keine Unterernährung, da wird aus dem Vollen geschöpft und nicht gespart. Diese Sprache greift heftig zu, hat Leerstellen, Selbstschüsse, Stolperdrähte, ist zuweilen salopp, ungeschliffen, ist weit entfernt von ziselierter Kalligraphie, von feinsinniger Schönschrift, aber noch weiter vom unbekümmerten Drauflos des Reporters. Sie ist im Gegenteil von einer Formkraft, einer Plastik, einer überwältigenden Fülle, einer innern Spannung, einem rhythmischen Furor."[36]

---

[32] Arnold, Heinz Ludwig: Gespräche mit Günter Grass. In: Heinz Ludwig Arnold (Hg): Günter Grass. Text und Kritik 1/1a. München, 1978, S.5.

[33] Koopmann, Helmut: Der Faschismus als Kleinbürgertum und was daraus wurde. S.105.

[34] Ebd, S.107.

[35] Gerstenberg, Renate: Zur Erzähltechnik von Günter Grass. Heidelberg, 1980, S.28.

[36] Enzensberger, Hans Magnus: Wilhelm Meister, auf Blech getrommelt. S.12.

Grass' Sprache „enthüllt die durch das gesellschaftliche Bewusstsein verdeckte unentstellte Wahrheit der Gesellschaft", sie deckt auf, ohne Rücksicht auf Tabus[37]. Sein Ziel ist es, die historischen Folgen, nicht die Ursachen aufzudecken und die Frage nach dem Weiterwirken des Faschismus bis in die Gegenwart zu beantworten.[38]

Grass benennt diese Gefahr des Weiterwirkens so:

> „Das Verbrechen von Auschwitz verlängert sich bis in unsere Tage, es wurden ihm Amt und Würden zuteil." (IX, S.141)

Auschwitz wird hier als Symbol für die Verbrechen der Nationalsozialisten genannt. Diesen Symbolcharakter von Auschwitz hat Grass an anderer Stelle erläutert:

> „Die Reduzierung der Realität Auschwitz zum zeitlichen Wendepunkt hat dem ehemaligen Konzentrations- und Vernichtungslager Symbolgehalt gegeben: Auschwitz steht stellvertretend für Treblinka und Mauthausen, für eine Vielzahl ehemaliger Konzentrations- und Vernichtungslager. Diese Symbolisierung erschwert die Aufgabe, den alltäglichen Mechanismus in Auschwitz zu erklären, weil gleichzeitig mit der Ortsbezeichnung das Schlüsselwort für jeglichen Völkermord mitgesprochen wird." (IX, S.459)

Grass nimmt hier nicht nur Bezug auf den Symbolcharakter von Auschwitz als Metapher für die Nazi-Verbrechen, sondern er diskutiert auch Adornos Datum „nach Auschwitz"[39]. Seine Interpretation von Adornos Diktum lautet:

> „Gedichte, die nach Auschwitz geschrieben worden sind, werden sich den Maßstab Auschwitz gefallen lassen müssen." (IX, S.458)

---

[37] Gerstenberg, Renate: Zur Erzähltechnik von Günter Grass. S.28.

[38] Koopmann, Helmut: Der Faschismus als Kleinbürgertum und was daraus wurde. S.109.

[39] „Kulturkritik findet sich der letzten Stufe der Dialektik von Kultur und Barbarei gegenüber: nach Auschwitz ein Gedicht zu schreiben ist barbarisch, und das frisst auch die Erkenntnis an, die ausspricht, warum es unmöglich ward, heute Gedichte zu schreiben." Adorno, Theodor W.: Prismen. Berlin, Frankfurt a.M., 1955, S.31.
Burkhardt Lindner weist darauf hin, dass Adorons Datum nicht die Funktion hat, eine Grenze zwischen Vorher und Nachher zu ziehen. „Auschwitz ist nicht bloß Ort, Name für ein Ereignis, sondern ein selbst namenloses Deckwort für ein Unnennbares." Aus: Lindner, Burkhardt: Was heißt: Nach Auschwitz? Adornos Datum. In: Stephan Braese, Holger Gehle, Doron Kiesel, Hanno Loewy (Hg): Deutsche Nachkriegsliteratur und der Holocaust, Frankfurt am Main, New York, 1998, S.283.

Dies gilt jedoch nicht nur für Lyrik, sondern für die gesamte Literatur, und darum kann nach Grass die Antwort auf Auschwitz nicht Schweigen, Scham und Verstummen sein, sondern der Realität von Auschwitz muss Rechnung getragen werden, indem das „zu untersuchende Menschenwerk" (IX, S.458) auch untersucht, beschrieben und dargestellt wird. Genau dies leistet er in der *Blechtrommel*.

Die formale Darstellung von Geschichte

> „Ich laufe nicht mit nacktem Zeigefinger durch die Gegend, sondern versuche, mit erweiterter Realität, mit einer oft unmerklichen Aufklärung und ausschließlich mit künstlerischen Mitteln den Horizont zu erweitern, Tatsachen ans Licht zu fördern, Mystifizierung zu zerstören." (X, S.182)

Die „erweiterte Realität" ist im Falle der *Blechtrommel* die Welt der Danziger Kleinbürger während der ersten Hälfte des zwanzigsten Jahrhunderts, die Grass mit größter Genauigkeit nachzeichnet und erzählt. An diesen Kleinbürgern zeigt er mit „künstlerischen", also literarischen Mitteln, wie der Nationalsozialismus Einzug hielt in das Leben jedes Einzelnen. Er versucht, hinter die Beweggründe der Kleinbürger zu schauen, und stellt die Zeitumstände bewusst nicht historisch dar, sondern „so, wie man sie seinerzeit erfahren hat, vermischt und verbunden mit den eigenen privaten Problemen"[40]. Dabei entsteht häufig der Eindruck, dass das Private wichtiger zu sein scheint als das geschichtlich bedeutende Ereignis, doch dies ist nur eines der künstlerisch-literarischen Mittel, die Grass anwendet, um die Vergangenheit lebendig zu halten, damit auch der Leser die erzählte Zeit so erlebt, „wie man sie damals konkret aus dem Radio oder der Zeitung erfahren hat"[41]. Ob Grass Geschichte als erfahren-erlittene oder als erfahren-mitgewirkte darstellt, ist in der Forschung umstritten. Neuhaus ist der Ansicht, dass die Summe der individuellen Taten in der *Blechtrommel* Politik, und damit Geschichte ausmacht, während Eykmann die These vertritt, dass Grass sich „des Kleinbürgers als eines Mediums [bedient], um Zeitgeschichte als erlittene, nicht gewirkte Geschichte sichtbar werden zu lassen"[42]. Einig ist man sich jedoch

---

[40] Neuhaus, Volker. Günter Grass. Stuttgart, 1979, S.44.

[41] Ebd, S.45.

[42] Eykmann, Christoph: Geschichtspessimismus in der deutschen Literatur des zwanzigsten Jahrhunderts. Bern, München, 1970, S.123.

darin, dass die Danziger Kleinbürger Politik, und damit Geschichte, als „unbegreiflichen Prozess"[43] erleben.

Parallelschaltungen

Gleichzeitigkeit

> „So setzt Döblin die Akzente: Sieg, Niederlage, Staatsaktionen, was immer sich datenfixiert als Dreißigjähriger Krieg niedergeschlagen hat, ist ihm einen Nebensatz, oft nur die bewusste Aussparung wert." (IX, S.242)

Alfred Döblin ist Grass' Vorbild, sein Lehrer, und gemäß Grass' eigener Aussage, sein literarischer Vorfahre:

> „Ich komme von jenem Döblin her, der, bevor er von Kierkegaard herkam, von Charles de Coster hergekommen war... Denn ich verdanke Alfred Döblin viel, mehr noch, ich könnte mir meine Prosa ohne die futuristische Komponente seiner Arbeit [...] nicht vorstellen." (IV, S.237)

In seinen Nebensatzkonstruktionen ist Grass ganz Döblins Nachfahre. Geschichte findet sich nur im Hintergrund, wenn auch als gleichzeitige Parallele zu privaten Ereignissen. Geschichte ist somit nur „Parenthese, die der Familiengeschichte beigehaftet wird"[44]. In den vermeintlichen Vordergrund rücken „détails négligeables", die „die Auswirkungen der Geschichte auf den Alltag des kleinen Mannes, dessen Froschperspektive gleichsam das Bild bestimmt"[45], zeigen. Demnach ist Geschichte zwar auf derselben Zeitebene vorhanden, aber nicht dominant. Ganz anders argumentiert dagegen John Reddick. Er sieht in dieser Zurücksetzung des Geschichtlichen den Kontrast, der Geschichte erst als das eigentliche Ziel der Erzählung hervorhebt[46]. Gerade der Kontrast ist es, der bei der Gleichzeitigkeit von privatem und geschichtlichem

---

[43] Neuhaus, Volker: Günter Grass. S.46.

[44] Arker, Dieter: Nichts ist vorbei, alles kommt wieder. S.340.

[45] Eykmann, Christoph: Geschichtspessimismus. S.112.

[46] Reddick, John: Vergangenheit und Gegenwart in Günter Grass' Blechtrommel. In: Bernd Hüppauf (Hg): Die Mühen der Erben. Kontinuität und Wandel in der deutschen Literatur und Gesellschaft. 1945-1949. Heidelberg, 1981, S.375.

Ereignis wichtig ist. Eykmann nennt dies die „Technik der Konfrontation"[47], die nicht nur Zweifel an der Wichtigkeit des geschichtlichen Ereignisses wecken will, sondern auch zu zeigen versucht, dass ein scheinbar weltbewegendes Ereignis für den Einzelnen nicht gleich Folgen hat, zumindest keine, die zum Zeitpunkt des Erlebens absehbar sind:

> An jenem Oktobernachmittag des Jahres neunundneunzig, während in Südafrika Ohm Krüger seine buschig englandfeindlichen Augenbrauen bürstete, wurde zwischen Dirschau und Karthaus, nahe der Ziegelei Bissau, unter vier fleischfarbenen Röcken, [...] meine Mutter Agnes gezeugt. (BT, 23)

Die Zeugung von Agnes steht hier gleichberechtigt neben dem Beginn des Burenkrieges 1899. Von dieser Stelle an zieht sich die Gleichzeitigkeit von Geschichte und privatem Leben durch den gesamten Roman.[48] Weitere Beispiele dafür sind:

- Die Schließung der Grenze zwischen Polen und dem Freistaat Danzig im August 1939 wird nur erwähnt, da sie die Schließung des Marktstandes von Anna Bronski nach sich zieht *(BT, 235)*.
- Die Landung auf Kreta während des Zweiten Weltkrieges am 25. Mai 1941 wird mit Marias Leitersturz gleichgesetzt *(BT, 389)*.
- Die Eroberung Stalingrads im September 1942 erscheint unwichtiger als der Bau einer Trommelmaschine von Greff *(BT, 405)*.
- Die Wirkung dieser Gleichschaltungen ist jedoch nicht immer dieselbe.

Unverbundenheit

Die Parallelisierung von geschichtlichen und privaten Ereignissen scheint zumeist gänzlich unmotiviert zu sein. Es besteht kein sinnstiftender Zusammenhang zwischen dem geschichtlich bedeutenden Vorfall und dem privat erlebten.[49] Just weist noch darauf hin, dass das politische Geschehen keinen Einfluss auf das Leben der Kleinbürger hat, zumindest insofern, dass es

---

[47] Eykmann, Christoph: Geschichtspessimismus. S.113.

[48] Krumme, Detlef: Günter Grass. S.110.

[49] Dieser Ansatz findet sich auch bei Just, Georg: Darstellung und Appell in der Blechtrommel von Günter Grass. Frankfurt, 1972, S.166f und bei Fischer André: Inszenierte Naivität: zur ästhetischen Simulation von Geschichte bei Günter Grass, Albert Drach und Walter Kempowski. München, 1992, S.139f.

keinen Diskussionspunkt für sie darstellt.⁵⁰ Kontrast ist hier Programm: Geschichte und Alltagsleben bleiben unverbunden und werden dadurch in ihrer Gegensätzlichkeit betont. Diese Gegensätzlichkeit wirkt zunächst komisch, da sie in ihrer Unverbundenheit die Lesererwartung enttäuscht. Die Gegensätzlichkeit wird nicht aufgehoben, sie bleibt im Raum stehen als „komische Verwirrung"⁵¹ und trägt nichts dazu bei, die beiden unterschiedlichen Ereignisse in Einklang zu bringen.

Agnes und Alfred Matzerath verloben sich in dem Jahr, als Polen die Rote Armee schlägt *(BT, 48)*. Der New Yorker Börsenkrach steht in einem Nebensatz, dessen Hauptsatz sich mit Agnes' Sorge über Oskars ausbleibendes Wachstum beschäftigt *(BT, 84)*. Die Regierung der Nationalen Front in Warschau, Polen, wird zusammen mit den von Oskar möglich gemachten Diebstählen genannt, eine Nennung, die „außer komischen Vorurteilen kein reales Substrat haben kann"⁵². Hitlers Machtübernahme wird als vermeintlichen Grund für den vermehrten Kauf von Staubsaugern angegeben *(BT, 224)*, Reichsparteitage werden in einem Zug mit Geflügelaustellungen, Autorennen und Frühjahrsüberschwemmungen genannt *(BT, 244)*. Die Germanisierung polnischer Stadtnamen ist nur indirekt erwähnenswert, weil Oskar in einem Wäschekorb voller Briefe schläft *(BT, 285)*. Die Erfolge des Heers in Russland werden mit Oskars sexuellen Erfolgen bei Lina Greff gleichgesetzt *(BT, 399/499)*. Die Re-educationspolitik und der florierende Schwarzmarkt stehen unverbunden nebeneinander *(BT, 570)*.

Der Text verknüpft die einzelnen Ereignisse nur zeitlich, nicht aber inhaltlich. Just erklärt diese merkwürdig unverbundene Verknüpfung damit, dass die unterschiedlichen Ereignisse sich auf dasselbe Prädikat beziehen, das aber metaphorisch wird und seine Bedeutung dem jeweiligen Kontext anpasst.⁵³ Diese Prädikat-Verbindung lässt sich für die *Blechtrommel* nicht eindeutig nachweisen, und augenscheinlich wird sie nur ein einziges Mal:

> Man sprach damals viel von Wunderwaffen und vom Endsieg. Wir, die Stäuber, sprachen weder vom einen noch vom anderen, hatten aber die Wunderwaffe. (BT, 487)

---

⁵⁰ Just, Georg: Darstellung und Appell. S.167. Ausnahme: Man sprach von der Kesselschlacht bei Kijew. (BT, 396).

⁵¹ Ebd. S.168.

⁵² Fischer, André: Inszenierte Naivität, S.164.

⁵³ Just, Georg: Darstellung und Appell, S.169.

Wichtig und richtig erscheint mir dagegen Justs These[54], dass die gegensätzliche Position von Geschichte und Privatem nicht nur als solche angesehen werden muss, sondern auch als „fingierter Nexus", der als Konstrukt des Autors erkannt werden kann. Die Verfremdung, die dabei eintritt, wirkt folgendermaßen: die als geschichtlich anerkannte Realität wird zwar dargestellt, beziehungsweise erwähnt, aber sie wird nicht so erwähnt, wie es der Lesererwartung entspricht, sondern wie Oskar, der Erzähler, sie erlebt und sieht. Just verweist hierbei auf den ‚bösen Blick' Oskars, der das politische Geschehen nur gleichgültig darzustellen vermag und so den Eindruck erweckt, dass alles, was außerhalb der privaten Sphäre liegt, unwichtig sei.[55] Diese Behauptung geht allerdings etwas zu weit. Durch die Verfremdung entsteht vielmehr der Eindruck einer kindlichen Betrachtungs- und Interpretationsweise. Fischer nennt dies eine „Verfremdung ins Naive"[56]. Beispiele für diese naive Unverbundenheit gibt es häufig in der *Blechtrommel*, darum kann hier nur eine kleine Auswahl präsentiert werden: Kriegsschauplätze des Ersten Weltkrieges werden nur indirekt bei einem Abzählspiel mit Knöpfen erwähnt:

> Ich könnte mir vorstellen, dass die Knöpfe aller Uniformen so bemessen sind, dass der zuletzt gezählte Knopf immer Verdun, einen der vielen Hartmannsweilerköpfe oder ein Flüsschen meint: Somme oder Marne. BT, 46)

Eine Kindergartenschlägerei erscheint wichtiger als der Konflikt Deutschland-Polen:

> Wie immer, wenn Politik im Spiele ist, kam es zu Gewalttätigkeiten. (BT, 90)

Undifferenziert und unreflektiert wird die Seeschlacht bei der Doggerbank im Ersten Weltkrieg in einem Nebensatz erwähnt:

> Was ich da fand, stellte Kraut und Rüben dar, stammte wohl zum guten Teil aus der Bücherkiste ihres Bruders Theo, der auf der Doggebank den Seemannstod gefunden hatte. (BT, 111)

---

[54] Ebd, S.169.
[55] Ebd, S.54f.
[56] Fischer, André: Inszenierte Naivität. S.140.

Die mit der Nazipolitik einhergehende Normierung gerade von Frauen wird eigentlich gar nicht erwähnt sondern, ebenfalls unvermittelt, mit Alfred Matzeraths Ärger über Agnes' Rauchen in der Öffentlichkeit dargestellt:

> ...lächelte sie Matzerath an, weil sie wusste, dass er sie nicht gerne in der Öffentlichkeit rauchen sah. (BT 196)

Was diesen Normierungszwang für den oder die Einzelne bedeutet, bleibt ausgespart.

Der Krieg in Afrika, der am 13. Mai 1943 endete, wird nur erwähnt, nicht jedoch in seinem Ausmaß historisch eingeordnet:

> ..., fand mit dem Afrikakorps auch Kurtchens Keuchhusten ein Ende. (BT 416)

Im zweiten Buch häufen sich die Sätze, in denen private und historische Ereignisse unverbunden nebeneinander stehen. Die Verteidigung der Polnischen Post erhält ihren Sinn in der Beschützung einer Kindertrommel, begründet mit dem Franco-britischen Garantievertrag *(BT, 291)*. Hitlers blaue Augen werden erwähnt, da sie mit Jan Bronskis blaue Augen den Erfolg bei Frauen gemein haben *(BT, 325)*, und obwohl Hitler in diesem Satz noch mehr Erwähnung findet, beschränkt sich die Darstellung auf das Naive, indem nur auf Hitlers momentane Tätigkeit hingewiesen wird: *unermüdlich im schwarzen Mercedeswagen stehend, fast pausenlos rechtwinklig grüßend.* Die Folgen für die Bürger Danzigs werden ausgespart, von Hitler erfolgt keine weitere Charakterisierung, und auch Bedeutung und Verwendung des rechtwinkligen Grußes werden nicht erklärt. Dies ist nur eines von vielen Beispielen aus dem zweiten Buch, andere wurden bereits weiter oben erwähnt.

Geschichte als Rahmenhandlung

Geschichtliche Daten und Fakten dienen in der *Blechtrommel* nicht nur zur Verfremdung. In ihrer Parallelsetzung zum fiktiven Kontext werden sie auch dazu benutzt, der Handlung einen zeitlichen Rahmen zu geben. Hierbei ist es interessant zu beobachten, welche geschichtlichen Ereignisse wann den Rahmen darstellen.[57] Geschichte wird so funktional auf das Erzählte bezogen[58].

---

[57] Dieser Ansatz findet sich auch bei Fischer, André: Inszenierte Naivität. S.138f.

[58] Arker, Dieter: Nichts ist vorbei, alles kommt wieder. S.340.

Der Vertrag von Rapallo gibt den zeitlichen Rahmen für Hochzeitskleider und – fotos, die im Vergleich zu denen nach dem Zweiten Weltkrieg viel *schöner und bräutlicher* waren *(BT, 63)*. Die Sondermeldungen bezüglich des Frankreichfeldzuges markieren den Beginn der Badesaison 1940 *(BT, 345)*, während die Sondermeldungen zum U-Bootkrieg den Hintergrund zu Marias Schwangerschaft abgeben *(BT, 376f)*. Von Stalins Tod im März 1953 erfährt man beim Rasieren *(BT, 367)*, die Kesselschlacht bei Kijew konstituiert den zeitlichen Rahmen für ein Taufessen *(BT, 396)*. Die Schlammperiode legt Zeitpunkt und Dauer von geschichtlichem und privatem Ereignis fest, allerdings findet der Russlandfeldzug als solcher, das „Unternehmen Barbarossa", keine Erwähnung:

> Vjazma und Brjansk; dann setzte die Schlammperiode ein. Auch Oskar begann, Mitte Oktober einundvierzig kräftig im Schlamm zu wühlen. Man mag mir nachsehen, dass ich den Schlammerfolgen der Heeresgruppe Mitte meine Erfolge im unwegsamen und gleichfalls recht schlammigen Gelände der Frau Lina Greff gegenüberstelle. Ähnlich wie sich dort, kurz vor Moskau, Panzer und LKWs festfuhren, fuhr ich mich fest; zwar drehten sich dort noch die Räder, wühlten den Schlamm auf, zwar gab auch ich nicht nach – es gelang mir wortwörtlich im Greffschen Schlamm Schaum zu schlagen -, aber von Geländegewinn konnte weder kurz vor Moskau noch im Schlafzimmer der Greffschen Wohnung gesprochen werden. (BT, 399)

Wichtig erscheint diese Rahmen- und gleichzeitige Parallelsetzung dadurch, dass Oskar damit sowohl auf die Erfolge an der Ostfront als auch auf die Erfolge an der Heimatfront, sprich seine eigenen sexuellen, hinweisen möchte.

Es zeigt sich jedoch, dass die geschichtlichen Ereignisse nur erwähnt werden, sie werden nicht gedeutet, gewertet oder interpretiert. Sie erfahren eine „textinterne Bedeutungseingrenzung"[59], die tatsächlich eigentlich nur ein Ziel haben kann: Provokation. Der Leser soll die im Roman dargestellte Einschätzung und Anordnung von Geschichte hinterfragen.

Geschichte als Rahmenhandlung lässt sich jedoch nicht nur an einzelnen Textstellen belegen, sondern ebenfalls an der Aufteilung des Romans in drei Bücher. Verkürzt man den Inhalt auf ein wesentliches Merkmal, haben sie die Wachstumsgeschichte Oskar Matzeraths zum Thema. Buch 1 beschäftigt sich

---

[59] Fischer, André: Inszenierte Naivität. S.139.

mit seiner Kindheit, Buch 2 mit seiner Jugendzeit, Buch 3 mit seinem Erwachsenendasein. Analog hierzu ist die reale zeitliche Geschichte zu sehen. Die fiktiven Ereignisse von Buch 1 fallen in die Vorkriegszeit, Buch 2 hat als zeitlichen Rahmen den Zweiten Weltkrieg und das letzte Buch erzählt die fiktiven Begebenheiten der Nachkriegszeit.

Parodistische Darstellung

Streng genommen gibt es nur eine Textstelle in der *Blechtrommel*, in der Geschichte parodistisch dargestellt wird: Der Polenfeldzug im September 1939 wird als *irrsinnige Kavallerie (BT, 324)*, als komische Don Quijoterie präsentiert. Der Tod bekommt an dieser Stelle durch die einzuhaltende höfische Etikette einen ironischen Beigeschmack. Just sieht den Grund für diese Parodie darin, dass „das erlebende Ich", Oskar, an dieser Stelle nicht anwesend ist und darum das Handlungsgeschehen nicht adäquat beobachten und schildern kann.[60] Anstelle der Präsentation von historischen Fakten tritt ein lyrisch anmutender Einschub. Der Erzähler entschuldigt sich anschließend für diesen ‚Ausfall', erläutert damit aber nicht seine Beweggründe, diese Feldschlacht so und nicht anders beschrieben zu haben. Der Grund mag darin liegen, dass ein bloßes Aufzählen von Fakten die Perspektive des Erzählers überflüssig machen würde, wie Just vermutet.[61] Die Wirkung ist enorm: durch die Reduzierung der Gewichtigkeit des politischen Ereignisses wird der Kontextbezug vergrößert. Just erkennt in dieser Parodie auch die Fortführung des Motivs „Polen": das Leitmotiv hier ist die polnische Kavallerie, der Satz *Noch ist Polen nicht verloren (BT, 324)*, der den Anfang der polnischen Nationalhymne imitiert, wird mehrfach variiert. Hinzu kommt die Farbsymbolik weiß-rot, die sich durch den gesamten Roman hindurch zieht (Trommel, Flagge Polens) und die mit Jan als Pole verbunden ist. Just nennt diese Verbindung „epische Integrität" und „ästhetische Vermittlung", da durch sie Sinn gestiftet wird.[62]

Aber es gibt, im weiteren Sinn, noch andere Stellen, die durch Parodie, genauer gesagt durch das Komische, wirken. Hier wird „geschichtlicher Ernst durch banales Lebensweltliches ins Komische gekippt"[63].

---

[60] Just, Georg: Darstellung und Appell. S.175.

[61] Ebd, S.176.

[62] Ebd, S.176-177.

[63] Fischer, André: Inszenierte Naivität. S.143.

Der Erzähler beschreibt ausführlich einen Wochenmarkt und seine zum Kauf feilgebotenen Mengen an Lebensmitteln *(BT, 332)* und weist damit parodistisch auf die kommende Zwangsbewirtschaftung hin. Der Tod von gemeinsamen Bekannten von Oskar und Maria wird in Umgangssprache beschrieben:

> Nuchi Eyke, der auf Kreta blieb, Axel Mischke, der noch kurz vor Schluss in Holland hopsging... (BT, 369)

Völkische Probleme werden mit einem Hinweis auf Gänsefleisch, das immer gleich schmeckt, egal aus welchem Land die Gans kommt, weggewischt *(BT, 394)*. Die Invasion der Alliierten in Frankreich wird metaphorisch umschrieben. Gesagt wird nur, dass *amerikanische Uniformen unter dem Eiffelturm spazieren* geführt werden *(BT, 484)*. Marias spannungslose Dauerwellen geben das Bild für die erste Hälfte des Jahres 1945, also für die letzten Kriegsmonate und die schwere erste Nachkriegszeit:

> Die letzten Kriegs- und Nachkriegsmonate hatten ihr jene Dauerwellen genommen, die Matzerath noch bezahlt hatte.(BT, 549)

Auch für die Parodie gilt: der gewohnte Unterschied zwischen wichtigem und unwichtigem, zwischen geschichtlich relevantem und privatem Ereignis ist aufgehoben. Was dem Leser wichtig erscheint, wird in einem Nebensatz ‚versteckt' oder parodistisch-komisch umgeformt. Daraus ergibt sich eine Aufgabe für den Leser, die im nächsten Kapitel diskutiert wird.

Die Aufgabe des Lesers

> „Das Buch fordert den Leser heraus. Er muss etwas dazugeben. Ohne ihn existiert das Buch nicht. Er muss imaginieren, was dort geschrieben ist." (X, S.366)

Die Aufgabe des Lesers setzt sich aus mehreren Teilbereichen zusammen:

Er muss die verschiedenen Ebenen auseinander halten, er muss erkennen, dass das Wichtige unwichtig erscheint und das Unwichtige wichtig, und er muss die Lücken im Text mit seinem eigenen Wissen auffüllen. Natürlich erhält der Leser Hilfestellungen, Hinweise, die der Erzähler einstreut und die den Leser in die richtige Richtung lenken sollen.

Gerade die Technik der Parallelsetzung, die einen ironischen Unterton transportiert, gibt entscheidende ‚Lese'-Hinweise. Seit dem neunzehnten Jahrhundert ist der Leser gewohnt, historische Daten und Fakten in den Text, besonders aber in den Kontext integriert vorzufinden. Nicht so in der *Blechtrommel*. Hier findet eine Umkehrung der als normal angesehenen und erwarteten Verhältnisse statt; wichtig erscheint nicht das geschichtliche Datum, sondern das private Ereignis. Die Folge: die Lesererwartung wird enttäuscht. Dadurch wirkt die Unverbundenheit von geschichtlichem und privatem Ereignis jedoch erst. Just nennt dies „Verfremdung automatisierter Vorstellungen", wobei die Parallelführung „verhindert, dass die Verfremdungsperspektive zur bloßen Masche verkommt, sich aus ihrer Vermittlungsfunktion verselbstständigt – oder, formalistisch ausgedrückt: dass sie sich ‚automatisiert'; als eine bestimmte, und zwar fundamentale Ausprägung des Verfremdungsverfahrens, ist sie zugleich belebende Modifikation des Verfahrens".[64] Die Ironie, die in den meisten Parallelisierungen steckt, soll dem Leser als Denkanstoß dienen, über seine eigenen und die ihm vorgegebenen Vorstellungen nachzudenken. In der *Blechtrommel* soll nichts als ‚gegeben' akzeptiert werden, alles und jeder soll und muss hinterfragt werden. Auch hierzu liefert der Erzähler Hinweise, indem er sich als unzuverlässigen Erzähler zu erkennen gibt. Bereits in der Einleitung untergräbt er seine eigene Glaubwürdigkeit, wenn er sich mit den Worten vorstellt: *Zugegeben; ich bin Insasse einer Heil- und Pflegeanstalt* (BT, 9). Damit etabliert er zwar zunächst eine feste Erzählsituation, aber untergräbt sie immer von neuem im Verlauf des Romans. Er macht seine Unzuverlässigkeit damit regelrecht zu seinem Programm. Der Leser gerät dadurch in Versuchung, eine Erklärung für Oskars Vorgehensweise zu suchen, seinem seltsamen Verhalten und seinen Lügengeschichten auf die Spur zu kommen. Sobald man jedoch glaubt, zu wissen, was Oskar zu seinem Spiel treibt, setzt eine neue Wendung im Geschehen den Protagonisten wieder in ein ganz anderes Licht, das dann auch wieder auf den Erzähler zurück strahlt. An keiner Stelle des Romans macht sich Oskar, weder als Protagonist noch als Erzähler, dem Leser richtig fassbar und begreiflich. Die Aura des Unbegreiflichen bleibt ihm bis zur letzten Seite. Schon zu Beginn gibt Oskar unmissverständlich zu, dass seine Erzählungen Lügengeschichten sind:

> Der Gute scheint meine Erzählungen zu schätzen, denn sobald ich ihm etwas vorgelogen habe... (BT, 9).

Doch schon zwei Seiten weiter buhlt er um das Vertrauen des Lesers, wenn er sein *hoffentlich genaues Erinnerungsvermögen (BT, 11)* erwähnt. Dieses von

---

[64] Just, Georg: Darstellung und Appell. S.167, 170.

Oskar selbst genährte Misstrauen ihm gegenüber soll auch dazu führen, dass der Leser die Wertungen, die er im Roman vorfindet, hinterfragt.

Oskars sarkastische Darstellung

Besonders gerne und ausgiebig wendet sich Oskar als Erzähler gegen alles, was ihm irgendwie verdächtig erscheint. Dies gilt für als historisch Angesehenes, für das ‚bürgerliche' Leben und im Speziellen für Institutionen.[65] Gerade letzteren lässt er seinen spitzen Sarkasmus zugutekommen. Dabei verlässt er sich auch auf seine Leser, die gerade durch seinen Sarkasmus und seine Ironie die Kritik an dem Dargestellten erkennen sollen. Oskar treibt die Verfremdung, die bereits in den Parallelschaltungen angelegt ist, durch seinen Sarkasmus und den durchdringenden Blick, mit dem er alles genau beobachtet, zum Äußersten. Ein gutes Beispiel für diesen Sarkasmus ist die Darstellung der Schule, die Oskar besuchen soll.

Obwohl Oskar das Schulgebäude stilistisch und architektonisch zusagt, bemängelt er sofort den Geruch, der sich in demselben befindet:

> Die Pestalozzischule war ein neuer, ziegelroter, mit Sgraffitos und Fresken modern geschmückter, dreistöckiger, länglicher, oben flacher Kasten [...] Mir gefiel der Kasten, bis auf seinen Geruch und die sporttreibenden Jugendstilknaben auf den Sgraffitos und Fresken, nicht schlecht. (BT, 93)

Weitere Hinweise auf den *Schulgeruch* folgen. Das nächste, wogegen sich Oskar richtet, ist die sportliche Betätigung an der Schule: *die Turnhallenwüstenei, in der das lederne Langpferd, die Kletterstangen und Kletterseile, das entsetzliche, immer eine Riesenwelle abverlangende Reck (BT,* 94) steht. Damit hat Oskar jetzt schon zwei Dinge identifiziert, die er an der Institution Schule verachtet: Geruch und Leibesübungen. Einen dritten Punkt findet er in Gestalt der Lehrerin Fräulein Spollenhauer:

> Fräulein Spollenhauer trug ein eckig zugeschnittenes Kostüm, das ihr ein trocken männliches Aussehen gab. Dieser Eindruck wurde noch durch den knappsteifen, Halsfalten ziehenden, am Kehlkopf

---

[65] Dieter Arker behandelt in seinem Buch Nichts ist vorbei, alles kommt wieder ebenfalls Oskars sarkastische Darstellung und kommt zu denselben Schlussfolgerungen. Er nennt diese Darstellung jedoch „kalt": S.147f.

> schließenden und, wie ich zu bemerken glaubte, abwaschbaren
> Hemdkragen verstärkt. (BT, 96)

Besonders zu bemerken sind hier die beiden Adjektive *trocken* und *männlich*, die Oskar miteinander gleichsetzt und zuvor schon für Alfred Matzerath verwendet hat. Die Lehrmethode von Fräulein Spollenhauer gleicht ihrer Personenbeschreibung. Herrisch und unbeugsam fordert sie Gehorsam von ihren Schülern, verwandelt sie in eine Horde brüllender Kinder, die auf Kommando loslegen. Schnell erkennt Oskar, dass sowohl der Sport als auch Spollenhauers Lehrmethode nur ein Ziel haben – Zucht und Ordnung. Die Darstellung wird darum ganz auf die Entlarvung der Schule als Einübungsort für das Barbarische, mit dem Ziel die Schüler zu Männlichkeit und Härte zu erziehen, zugeschnitten.[66] Oskar beschreibt dieses Ziel noch einmal mit der Sütterlinschrift, die für ihn Sinnbild der Nazi-Ideologie ist:

> Sütterlinschrift kroch bösartig spitzig und in den Rundungen falsch, weil ausgestopft, über die Schultafel, kreidete jene den Anfang eines neuen Lebensabschnittes markierende Inschrift. In der Tat lässt sich gerade die Sütterlinschrift für Markantes, Kurzformuliertes, für Tageslosungen etwa, gebrauchen. Auch gibt es gewisse Dokumente, die ich zwar nie gesehen habe, die ich mir dennoch mit Sütterlinschrift beschrieben vorstelle. Ich denke da an Impfscheine, Sporturkunden und handgeschriebene Todesurteile. Schon damals, da ich Sütterlinschrift zwar durchschauen, aber nicht lesen konnte, wollte die Doppelschlinge des Sütterlin M, mit dem die Inschrift begann, tückisch und nach Hanf riechend, mich ans Schafott gemahnen. (BT, 103)

Weitere ironisch-sarkastische Bemerkungen dieser Art finden sich gehäuft im Kapitel *Kein Wunder*, das sich gegen die Institution Kirche richtet, und bei der Verteidigung der Polnischen Post, die Oskar als gänzlich unsinnig betrachtet. Ganz klar tritt Oskars Sarkasmus beim Brand der Stadt Danzig hervor:

> Die Stadt verbrennenswert gefunden [...] ...die die Ziegel gotischer Backsteinkunst zum hundertstenmal brannten, ohne dadurch Zwieback zu gewinnen [...] Das Krankenhaus war aus Holz und brannte besonders schön [...] ...ließ sich das Feuer für mehrere auffallend grelle Hosen Maß nehmen [...] Die Marienkirche brannte von innen nach außen und zeigte Festbeleuchtung durch

---

[66] Arker, Dieter: Nichts ist vorbei, alles kommt wieder. S.149.

> Spitzbogenfenster[...] Die Glocken...tropften sang- und klanglos [...] In der Großen Mühle wurde roter Weizen gemahlen[...] Im Stadttheater wurden Brandstifters Träume, ein doppelsinniger Einakter, uraufgeführt. (BT, 512/513)

Diese Darstellung des Feuers bleibt jedoch nicht kalt, durch den in ihr enthaltenen Sarkasmus wirkt sie komisch und mag dem einen oder anderen Leser sogar ein Schmunzeln aufs Gesicht zaubern. Dennoch verfehlt sie ihre Wirkung nicht: Wie die Parallelschaltungen verfremdet sie das Dargestellte und regt so den Leser zur Mitarbeit und zum Nachdenken an.

Allegorie als inhaltliche Darstellung

Die inhaltliche Darstellung von Geschichte in der *Blechtrommel* wird vor allem durch Allegorie bestimmt. Im etymologischen Sinn bedeutet Allegorie „das Anderssagen" und meint die „Darstellung eines abstrakten Begriffes durch ein konkretes Bild"[67]. Daraus folgt für den Roman, dass das, was direkt gesagt wird, nur selten das ausdrückt, was gemeint ist. Just[68] hat dafür den Begriff „objektives Korrelat" gewählt, der von T.S. Eliot[69] geprägt wurde als ein literarisches Mittel, mit dem Psychisch-Emotionales auf einer anderen Ebene, der gegenständlichen, ausgedrückt werden kann. Demzufolge steht eine Situation, ein Objekt oder ‚Ding' oder eine Reihe von Ereignissen für etwas ganz anderes. Zeichen und Bezeichnetes bilden dann nur auf den zweiten Blick eine Einheit. Die Merkmale des Begriffs Allegorie lauten nach Kim[70] wie folgt:

- Willkürlichkeit der Beziehung Zeichen – Bezeichnetes
- Intellektuelle und rationale Auslegungsmöglichkeit des Textes bis ins kleinste Detail
- Wichtige Funktion des sichtbaren, visuellen Elementes und der Situation
- Angewiesenheit auf die Erzählstruktur
- Intendierte Anregung des Lesers zur Reflexion

---

[67] Duden. Herkunftswörterbuch. Etymologie der deutschen Sprache. 3.Aufl., Bd.7, S.29.
[68] Just, Georg: Darstellung und Appell. S.127f.
[69] Eliot, T.S. Selected Essays. London, 1972, S.145.
[70] Kim, Nury: Allegorie oder Authentizität. S.65.

All diese Merkmale treffen auf Form und Inhalt der *Blechtrommel* zu, da in diesem Roman Gegenstände und Personen mehrere, beziehungsweise andere Funktionen und Bedeutungen haben als die im Text angegebenen. Bereits Enzensberger erkannte, dass in der *Blechtrommel* „kaum ein Faden fallengelassen, kaum ein Leitmotiv ungenutzt bleibt"[71].

Die Kleinbürger

> „So mag ich sie gerne, und so gehöre ich ihnen an. Ihre Schwerfälligkeit macht mich beredt, ihr Biedersinn öffnet mir Wortkaskaden; mit Vorliebe zeichne ich den Mief der kleinbürgerlichen Träume nach. [...] Ich komme aus solch kleinbürgerlichen Verhältnissen und habe Anteil an diesem Mief." (IX, S.201)

Die Romanfiguren der *Blechtrommel* leben alle in der kleinbürgerlichen Welt, aus der Grass selbst kommt. Jede von ihnen steht für einen bestimmten Typ von Kleinbürger, hat bestimmte Verhaltensweisen und bedient eine Klischeevorstellung. Auch Just sieht die Danziger Kleinbürger als Typen und Originale, welche keinerlei Innenleben besitzen und an denen sich „in extremer, einseitiger und damit deutlicher Weise [manifestiert], was an ideologischen Tendenzen in der bestimmten geschichtlichen Situation gerade virulent war"[72]. Dabei sind die Rollen genau aufgeteilt: Alfred Matzerath ist der rheinländische Deutsche, Jan Bronski der Pole, Sigismund Markus und Fajngold die Juden, jedoch unterschiedlich akzentuiert als Opfer und Überlebender, Greff und Meyn diejenigen, die der Partei beitreten, wenn auch aus unterschiedlichen Gründen und mit unterschiedlichem Erfolg. Nach Just haben die Frauen in der *Blechtrommel* nicht die gleiche repräsentative Bedeutung wie die Männer, sie wären nur „gekennzeichnet durch ihre ‚natürliche' Funktion, durch ihre sexuelle Dienstbarkeit".[73] Das ist zumindest insofern richtig, da die Frauen nicht auf eine Bedeutung festzulegen sind. Aber nichtsdestoweniger haben sie repräsentative Funktionen. Agnes ist die kaschubische Tochter, die an ihrer Affinität zu Polen und an ihrem Sicherheitsbedürfnis – sie bleibt bei Matzerath, der, als Deutscher, auf der Gewinnerseite zu stehen scheint – zu Grunde geht. Großmutter Anna ist Kaschubin, gehört somit einer ethnischen Randgruppe der damaligen Zeit an.

---

[71] Enzensberger, Hans Magnus: Wilhelm Meister, auf Blech getrommelt. S.11.

[72] Just, Georg: Darstellung und Appell. S.179.

[73] Ebd, S.179.

Maria erhält ihre repräsentative Bedeutung hauptsächlich in der Nachkriegszeit; dann steht sie für alle, die ihre Vergangenheit verdrängen und sich weigern, sich mit ihr auseinander zu setzen, und für alle, die so schnell wie nur möglich zur Normalität, zum Biedersinn zurückkehren wollen. Die repräsentative Bedeutung der Figuren verstärkt sich noch, richtet man den Blick auf ihren Tod und auf den Zeitpunkt, an dem er eintritt.[74] Agnes' Tod leitet den Untergang der Freien Stadt Danzig ein, die für das friedliche Zusammenleben von Kaschuben, Deutschen und Polen stand, Sigismund Markus' Freitod weist auf den Zeitpunkt der beginnenden verschärften Judenverfolgung hin, die Erschießung Jan Bronskis geschieht zeitgleich mit der Kapitulation Polens und Alfred Matzeraths Tod steht für den Untergang des Dritten Reiches.

Aber es ist nicht nur die repräsentative Funktion der einzelnen Romanpersonen, welche die Darstellung in der *Blechtrommel* bestimmt. Es ist auch die genaue und detaillierte Beschreibung des Umfeldes der Kleinbürger. Arker[75] hat darauf hingewiesen, dass Grass hier keinen Unterschied zwischen ‚Kleinbürgertum' und ‚kleinen Leuten' macht. Die Welt der Danziger Kleinbürger ist weniger bestimmt durch ihre soziale Position als durch ihre Mentalität, nämlich die der Kleinbürger als Spießer. Geschildert wird eine „Lebenswirklichkeit, die von geistiger Enge, politischem Opportunismus und einem Mangel an Geschmack gekennzeichnet ist"[76].

Zusammenhang Kleinbürgertum – Nationalsozialismus

> „...es mir darauf ankommt, gerade die Nahtstellen und Überlappungen zwischen proletarischem Herkommen und kleinbürgerlicher Anpassung oder Kleinbürgertum mit proletarischem Rückfall zu zeigen, gerade das war doch die tragende Schicht, in der der Nationalsozialismus entstehen konnte." (X, S.162)

Die Frage, die sich bei einer Betrachtung des Zusammenhangs zwischen Kleinbürgertum und Nationalsozialismus aufdrängt, ist die nach den Gründen: Warum entwickelten die Kleinbürger eine solche Affinität zu und Sympathie für den Nationalsozialismus, warum machten sie mit, wurden zu Mitläufern, etc.

---

[74] Dies wird auch von Kim, Nury: Allegorie und Authentizität. S. 79 und Just, Georg: Darstellung und Appell. S.179f so gesehen.

[75] Arker, Dieter: Nichts ist vorbei, alles kommt wieder. S. 302.

[76] Arker, Dieter: Nichts ist vorbei, alles kommt wieder. S.311.

Grass stellt diese Frage in der *Blechtrommel* aber nicht. Er zeigt nur die „Nahtstellen und Überlappungen", präsentiert das Milieu, in dem das alles möglich war, und lässt den Leser sein eigenes Urteil fällen. Und dies tut er mit einer Detailgenauigkeit, die ihresgleichen sucht. Er zeigt die Verhältnisse kleiner Leute, schaut in die Wohnzimmer und unter die Tische und ermöglicht so dem Leser, an der Wirklichkeit dieser ‚kleinen' Lebenssituation teilzuhaben. Ein besonderes Kennzeichen der kleinbürgerlichen Welt: sie ist *muffig (BT, 401)*. Muffig klingt nach alt, da nur alte Sachen miefen können. Und hierin liegt auch die Essenz: der Biedersinn des Kleinbürgertums. Das, was man hat, erhalten um jeden Preis, keine Veränderungen zulassen, und wenn doch Veränderungen, dann bitte so angenehm und unauffällig wie möglich, und natürlich nur zum eigenen Vorteil. Einen Vorteil für sich sahen vielleicht viele in der damaligen Zeit. Geschürt wurde dieses Vorteilsdenken dann noch von „einer Demagogie, die vorlügt, dass man aus biologischen (rassischen) Gründen mehr sei, als man sozial in Wirklichkeit ist"[77]. Gezeigt wird in der *Blechtrommel*, wie der einzelne sich in den Bann der Nationalsozialisten ziehen lässt. Das Warum wird dabei nebensächlicher, wenngleich es als Frage mit im Raum stehen bleibt. Wichtig erscheinen in dieser Hinsicht drei Bemerkungen des Erzählers, die „die überaus wichtige, wenn auch häufig unbewusste Rolle [...] dekuvrieren, die das Matzerathsche Milieu insgesamt im tödlichen Phänomen des Nationalsozialismus spielte"[78]:

> Matzeraths korrektes, mitteleuropäisches, wie man sehen wird, zukunftsträchtiges Kleinbürgertum... (BT, 70)

> Du stehst hier vor einer Schultafel, stehst unter einer wahrscheinlich bedeutenden, womöglich verhängnisvollen Inschrift. Du kannst zwar dem Schriftbild nach die Inschrift beurteilen und dir Assoziationen wie Einzelhaft, Schutzhaft, Oberaufsicht und Alle-an-einem-Strick aufzählen, aber entziffern kannst du die Inschrift nicht. (BT, 104)

> Der Heveliusplatz, in den die Gasse mündete, wurde von gruppenweise herumstehenden Leuten der SS-Heimwehr gesperrt: junge Burschen, auch Familienväter mit Armbinden. (BT, 282)

---

[77] Arker, Dieter: Nichts ist vorbei, alles kommt wieder. S.306.

[78] Reddick, John: Vergangenheit und Gegenwart in Günter Grass' Blechtrommel. S.384.

Hier wird zwar die Beteiligung des Kleinbürgertums am Nationalsozialismus deutlich gemacht, aber auch der vermeintlich allwissende Oskar kann das Warum nicht erklären.

Alfred Matzerath

> „In Wirtsstuben hocken sie gern beieinander: gastlich, harmlos, zum kleinen Streit aufgelegt und immer bereit, dem Gesang zu verfallen, wobei es vorkommen kann, dass dem stummen Ortsfremden nahegelegt wird, in den Gesang einzustimmen. Mitsingen! Mitmachen! Meine Landsleute legen großen Wert darauf, fleißig genannt zu werden." (IX, S.200)

Alfred Matzerath ist einer dieser Mitmacher, er gehört in

> „die unvergängliche und immer wieder nachwachsende Familie der Mitläufer, Mittäter, Mitwisser und Mitschuldigen" (IX, S.141).

Auf sein Mitläufertum wird sehr deutlich hingewiesen:

> Aber das war so seine Angewohnheit, immer zu winken, wenn andere winkten, immer zu schreien, zu lachen und zu klatschen, wenn andere schrien, lachten oder klatschten. Deshalb ist er auch verhältnismäßig früh in die Partei eingetreten, als das noch gar nicht nötig war, nichts einbrachte und nur seine Sonntagvormittage beanspruchte. (BT, 195)

Damit wird eines gleich ganz deutlich gesagt: Matzerath macht ‚nur' mit, er ist aber nicht Initiator oder gar ‚Vor-Macher'. Er folgt, ohne zu hinterfragen, wem er eigentlich folgt. Diese unreflektierte Verhaltensform ist typisch für Matzerath, und damit gleichzeitig typisch für die Mentalität, die er innerhalb des Romans repräsentiert. Von Matzerath kann man Sätze hören, beziehungsweise lesen, wie *Dienst ist Dienst und Schnaps ist Schnaps (BT, 146)* und *Er wird später einmal das Geschäft übernehmen. Jetzt wissen wir endlich, wofür wir uns so abarbeiten. (BT, 52)*, die ihn als Vertreter der oben erwähnten Spießermentalität auszeichnen. Ein weiteres Merkmal von Matzerath ist sein ausgesprochenes Gemütlichkeitsbedürfnis. Nichts ist ihm wichtiger, als versorgt zu sein, umsorgt zu werden und es gemütlich zu haben. Behagen wird bei ihm groß geschrieben und bestimmt folgerichtig sein Handeln. Als *gebürtiger Rheinländer (BT, 47)* besitzt er das, was man gemeinhin als rheinische Fröhlichkeit bezeichnet. Als *passionierter Koch* versteht er es, *Gefühle in Suppen zu wandeln (BT, 47)*, und nur während des Kochens erscheint er *differenzierter, ja sensibel und deshalb beachtenswert (BT, 341).* Seine Kochleidenschaft schließt sich an sein Gemütlichkeitsbedürfnis an, immerhin ist Essen ein wichtiger Bestandteil von Sich-Behaglich-Fühlen. Auch seine beiden Ehen stehen unter diesem Zeichen. Mit Agnes heiratet Matzerath eine Krankenschwester, die es versteht, einen Kolonialwarenladen zu führen, Maria erweist sich als gute Kraft in Haushalt und Laden. Spießigkeit, von Spießern auch Behaglichkeit genannt, bestimmt Matzeraths Leben und Ehen:

> Da tröpfelt Wochenendpotenz, da brutzeln die Wiener Schnitzel, da nörgelt es ein bisschen vor dem Essen und gähnt nach der Mahlzeit, da muss man sich vor dem Schlafengehen Witze erzählen oder die Steuerabrechnung an die Wand malen, damit die Ehe einen geistigen Hintergrund bekommt. (BT, 65)

Aber besonders in der Ehe mit Agnes wird seine Behaglichkeit gestört durch Agnes' Affäre mit Jan. Diese duldet er, um seine Ruhe zu haben. Da man aber eine solche Situation nicht einfach ‚aussitzen' kann, flüchtet er sich in die Partei, wie er all die Jahre zuvor Zuflucht im Kochen und im Skatspiel (*Das Skatspiel [...] es war ihre Zuflucht (BT, 67)*) gesucht hat. Sein „behagliches Phlegma"[79] nimmt er mit in die Partei, in der er, der Spießer und Ordnungsliebhaber, *die Kräfte der Ordnung (BT, 145)* erkennt. Dass er es nur bis zum Zellenleiter schafft, ist seinem Hang zur Behäbigkeit zu verdanken. Er ist kein Draufgänger, keine Führungspersönlichkeit, er ist ein Mitmacher, Eigeninitiative ist ihm fremd. Die Uniform kauft er sich nach und nach zusammen *(BT, 146).* Hier zeigt sich, wie der Nationalsozialismus sich langsam und schleichend in der Gesellschaft breit macht: zuerst ist es nur die Uniform, die gekauft wird, dann der Sonntag, eigentlich ein heiliger Tag für die Familie, und schließlich wird man ganz davon in Beschlag genommen. Die Uniform als Beginn der Gleichschaltung zeigt, „wie der Mensch als nicht denkendes, nicht fühlendes, nur ausführendes Organ sich in die Maschinerie der Unmenschlichkeit einordnen lässt"[80]. Die einzige Veränderung, die Matzerath außer seiner Sonntagskleidung vornimmt und zulässt ist, dass er ein Bild von Beethoven ab- und ein Porträt von Hitler über dem Piano aufhängt. Zur *finstersten aller Konfrontationen (BT, 146)* kommt es, weil Agnes das Beethoven-Bild gegenüber dem Hitler-Porträt wieder an die Wand hängt. Matzerath, ganz Vertreter der kleinbürgerlich-engstirnigen Mentalität, begreift weder die

---

[79] Rothenberg, Jürgen: Günter Grass. Das Chaos in verbesserter Ausführung. S.14.

[80] Gerstenberg, Renate: Zur Erzähltechnik von Günter Grass. Heidelberg, 1980, S.162.

politischen noch die privaten Vorgänge. Agnes Tod trifft ihn völlig unvorbereitet; die Geschehnisse der Pogromnacht versteht er nicht, sondern er *benutzte die Gelegenheit und wärmte seine Finger und seine Gefühle über dem öffentlichen Feuer"* (BT, 259).

Matzerath wird nicht als Schlägertyp dargestellt, im Vordergrund steht immer der gemütliche Familienvater. Trotzdem, oder vielleicht gerade deshalb, erkennt der Leser an ihm „eine Duldsamkeit ohne Grundsätze, ein Beharren um des Behagens willen, einen Prozess der Gewöhnung an das Unrecht, das diesem erst eigentlich erlaubt zu wachsen und ins Kraut zu schießen"[81]. Mit Alfred Matzerath zeigt sich die ‚normale' Verhaltensweise des Kleinbürgertums.

Unpolitische Parteibeitritte

> „Die Menschen sind großartige und oft genug – wer wollte das leugnen, geniale Täter; doch vor den Folgen stehen sie fassungslos, wie ohne Begriff, und verhalten sich infantil, das heißt: unverantwortlich." (IX, S.675)

Vom ‚normalen', mitmachenden Kleinbürger zum Kleinbürger als Täter sind es im Labesweg und Kleinhammerweg nur ein paar Schritte. Gleich vier Personen können zunächst unter ‚Täter' eingeordnet werden, wenn man dafür den Parteibeitritt als Merkmal annimmt. Dass sich dieses Merkmal nicht aufrechterhalten lässt, stellt sich jedoch schnell heraus.

Der Gemüsehändler Greff tritt in die Partei ein, nicht weil er die rassistische Meinung der Nationalsozialisten teilt oder um an deren Macht teilzuhaben, sondern um seine eigenen Schwächen und Neigungen zu verbergen. Seine Schwäche ist die Homosexualität, die für ihn zu einer ernsthaften Bedrohung werden kann, da die Nationalsozialisten Homosexuelle verfolgten und internierten. Greff lebt seine homophile Neigung in seiner Pfadfindergruppe aus: die Liebe zu Knaben und die Abhärtung des eigenen Körpers:

> Greff liebte die Jugend. Er liebte die Knaben mehr als die Mädchen. Eigentlich liebte er die Mädchen überhaupt nicht, liebte nur die Knaben. Oftmals liebte er die Knaben mehr, als es sich durch das Absingen von Liedern ausdrücken ließ. [...]

---

[81] Rothenberg, Jürgen: Günter Grass. Das Chaos in verbesserter Ausführung. S.14.

> Greff liebte das Straffe, das Muskulöse, das Abgehärtete. Wenn er Natur sagte, meinte er gleichzeitig Askese. Wenn er Askese sagte, meinte er eine besondere Art von Körperpflege. (BT, 382)

Greff treibt einen Kult um ein gesundes, natürliches und volkstümliches Leben, verbunden mit einer homosexuell-pädophilen Neigung; dies zwingt ihn, den Nazis vorzugreifen, er tritt in das NSKK (Nationalsozialistisches Kraftfahrer-Korps) ein und rettet damit, vorerst, sein Leben:

> Da Greff noch rechtzeitig Mitglied des NSKK geworden war und sich ab einundvierzig nicht nur Gemüsehändler, sondern auch Luftschutzwart nannte, sich außerdem auf zwei ehemalige Pfandfinder berufen durfte, die es inzwischen im Jungvolk zu etwas gebracht hatten, Fähnleinführer und Stammführer waren, konnte man von der HJ-Gebietsleitung aus die Liederabende in Greffs Kartoffelkeller als erlaubt bezeichnen. (BT, 381)

Der Pfadfinder und Homosexuelle Greff „vertritt allegorisch jene Leute, die zur Nazi-Komplizenschaft kommen, um ihre privaten Flecke zu kaschieren"[82]. Sein kurz darauf folgender Selbstmord wird eingeleitet mit der Meldung, dass Greffs Lieblingsknabe gefallen ist, und ist der Anerkennung der Auswegslosigkeit seiner Situation trotz Komplizenschaft zuzuschreiben: Nachdem er eine Vorladung der Sittenpolizei erhalten hat, bringt er sich um. Dieser Suizid wird als musikalisches, von Greff inszeniertes Schauspiel dargestellt: *Albrecht Greffs großes Finale (BT, 415)*. Damit wird jedoch auch deutlich, dass Greff trotz seiner Parteizugehörigkeit nicht den Tätern zuzuordnen ist, sondern den Opfern. Er wird zu Tode gebracht durch die Politik und die die öffentliche Meinung beherrschende Ansichten der Nationalsozialisten.

Auch Gretchen und Alexander Scheffler beteiligen sich aktiv an der nationalsozialistischen Bewegung aus persönlichen Gründen. Politische Motivation ist auch ihnen fremd. Sie treten in die Nazi-Organisation KDF (Kraft durch Freude) ein und unterstützen das Nazi-Projekt „Winterhilfswerk".[83] Die Gründe sind aus Oskars Beschreibung der beiden klar ersichtlich; beide sind sie sexuell unbefriedigt und emotional unerfüllt, da sie keine Kinder haben:

> Hätte der Scheffler nur in jenen Jahren dann und wann die Finger aus dem Mehl gezogen und die Semmeln der Backstube gegen ein

---

[82] Kim, Nury: Allegorie oder Authentizität. S.74.

[83] Ebd, S.74.

anderes Semmelchen vertauscht. Das Gretchen hätte sich gerne von ihm kneten, walken, einpinseln und backen lassen. Wer weiß, was aus dem Ofen gekommen wäre? Am Ende etwa doch noch ein Kindchen. Es wäre dem Gretchen diese Backfreude zu gönnen gewesen. (BT, 116)

Die Schefflers reihen sich so ein in die Menge der mit ihrem Leben unzufriedenen Menschen, die in einer Organisation, Gruppe oder Partei Abwechslung und neue Impulse für sich suchten, ohne zu hinterfragen, für wen, für was, oder warum sie mitmachten. Insofern kann man auch die Schefflers nicht als Täter bezeichnen, sie sind Mitläufer, die Opfer ihrer eigenen Unzufriedenheit werden. Eine gewisse antisemitische Gesinnung kann man Alexander Scheffler jedoch nicht absprechen. Auf der Beerdigung von Oskars Mutter Agnes ist er es, der zusammen mit dem Musiker Meyn den Juden Sigismund Markus vom Friedhof vertreibt:

Der Trompeter Meyn tippte dem Markus mit dem Zeigefinger gegen den schwarzen Anzug, schob ihn so vor sich her, nahm den Sigismund links am Arm, während Scheffler sich rechts einhängte. Und beide gaben acht, dass der Markus, der rückwärtsging, nicht über Gräbereinfassungen stolperte, schoben ihn auf die Hauptallee und zeigten dem Sigismund, wo das Friedhofstor war. (BT, 213)

Musiker Meyn unterscheidet sich von allen anderen. Er ist keine Gestalt für sich, „sondern lediglich eine Symbolfigur, ein zweckdienliches Mittel, um die unheimliche Anziehungskraft und gänzliche innere Disjunktion des Nationalsozialismus besser objektivieren zu können"[84]. An ihm zeigt sich die Verwandlung vom gutmütigen Kleinbürger zum zerstörenden SA-Mann. Bevor er der SA beitritt, besteht sein Leben aus drei Dingen: []*Machandelflasche,[]Trompete und []Schlaf (BT, 106)*. Hinzu kommen noch seine vier Katzen, die ihm später noch viel Ärger einbringen und die Unordnung, die sowohl in seiner Wohnung als auch in seinem Leben herrscht. Meyn tritt in die SA ein, um sein Leben ‚aufzupeppen', ihm wieder Sinn und Ziel, aber vor allen Dingen Ordnung zu geben. Seine aufgestaute Aggressivität lässt er an seinen Katzen aus und tötet diese, was für ihn den Ausschluss aus der Reiter-SA wegen *unmenschlicher Tierquälerei (BT, 259)* bedeutet. Ein Ausschluss wäre für Meyn jedoch eine Katastrophe, darum versucht er in der Kristallnacht, sich als würdiger Vertreter der SA zu geben:

---

[84] Reddick, John: Vergangenheit und Gegenwart in Günter Grass' *Blechtrommel*. S.384.

> Selbst als sich der SA-Mann während der Nacht vom neunten zum
> zehnten November achtunddreißig, die man später die Kristallnacht
> nannte, besonders mutig hervortat, die Langfuhrer Synagoge im
> Michaelisweg mit anderen in Brand steckte, auch kräftig mittat, als
> am folgenden Morgen mehrere zuvor genau bezeichnete Geschäfte
> geräumt werden mussten, konnte all sein Eifer seine Entfernung aus
> der Reiter-SA nicht verhindern. (BT, 258/59)

Aus dieser Bemerkung des Erzählers lässt sich schließen, dass auch Meyn keinerlei politische Motivation hat, sondern nur aus rein privaten Gründen zum Täter wird. Den Ausschluss aus der SA kann er trotzdem nicht verhindern. Es wird aber noch berichtet, dass er ein Jahr später in die Heimwehr eintritt, die im Verlauf des Krieges in die Waffen-SS integriert wurde. Daraus folgt, dass sich die Nazis „niemanden entgehen lassen, der sich einmal als willfähriges Werkzeug hat gebrauchen lassen"[85]. Von den in Buch 1 beschriebenen Kleinbürgern ist er der einzige, der ein ‚wirklicher' Täter ist. Er ist nicht nur Mitläufer, der aus Unzufriedenheit und Langeweile mitmacht, sondern er nimmt aktiv teil an der Zerstörung während der Kristallnacht und an der Verfolgung der Juden durch die Nationalsozialisten.

Jan Bronski

In Jan Bronski findet sich der Gegensatz zu Alfred Matzerath. Bronski optiert für Polen kurz nachdem Agnes sich für Matzerath entschieden hat, womit gleich zu Beginn der Romanhandlung der Gegensatz Deutsch-Polnisch eingeführt wird. Wenn man über Jan Bronski spricht, ist es wichtig, das Dreiecksverhältnis Jan-Agnes-Alfred zu erwähnen. Jan und Agnes kennen sich seit ihrer Kindheit, seit ihrer Jugendzeit verbindet sie eine tiefe Zuneigung zueinander. Ob man dabei wirklich von Liebe sprechen kann, sei dahingestellt. Sicher ist aber, dass die beiden auch nach Agnes' Heirat mit Matzerath nicht voneinander lassen können, auch wenn Jan Bronski vermutlich nicht der großartige Liebhaber ist, für den man ihn halten könnte:

> Jan und Mama auf einer Platte: Da riecht es nach Tragik,
> Goldgräberei und Verstiegenheit, die zum Überdruss wird, Überdruss,
> der Verstiegenheit mit sich führt. (BT, 65)

---

[85] Schwan, Werner: Ich bin doch kein Unmensch. Kriegs- und Nachkriegszeit im deutschen Roman. Freiburg im Breisgau, 1990, S.31.

Jan Bronski ist gefühlsbezogen und sensibel, ganz im Gegensatz zu Matzerath. Während sich Matzerath ganz dem Zufriedensein verschrieben hat, sind für Jan Emotionen von größter Bedeutung. Seine Entscheidung für Polen trifft er nur, weil Agnes ihn mit ihrer Heirat zurückgewiesen hat, es ist also eine private, emotionale Entscheidung und keine, die seine politischen Ansichten widerspiegelt. Jan ist keine starke Persönlichkeit, ja, man könnte ihn sogar als feige bezeichnen, denn er tritt weder für seine Liebe zu Agnes ein, noch für ‚sein' Land, als es hart auf hart kommt. Im Falle von Agnes „begnügt er sich mit heimlichen Spielchen unter der Tischplatte, hinter dem Rücken seines Rivalen, den er doch zum Skatspielen (3!) braucht"[86]. Sein Verhältnis zu Polen ist ein oberflächliches; solange es keine Probleme gibt, setzt er sich für Polen ein, aber als er die Polnische Post mit verteidigen soll, versucht er, sich aus der Verantwortung zu stehlen. Politischer Durchblick ist seine Sache nicht, die Zeichen, die für einen ernsten Konflikt zwischen Polen und Deutschland sprechen, übersieht er oder will er nicht sehen. Jan Bronski lebt in seiner eigenen Welt, die aus Phantasien und unerfüllten Träumen besteht. Das Skatspiel ist für ihn wie für Agnes und Matzerath eine Zuflucht, in die man sich begibt, um sich Ablenkung von Problemen zu verschaffen. Während die Polnische Post unter Beschuss steht, baut Jan ein Kartenhaus, das, nach Rothenberg, ein „Kartenhaus der Illusionen" ist, mit dem Jan seine „Vogel-Strauß-Politik", die er sein ganzes Leben betrieben hat, fortführt.[87] Im Kapitel *Das Kartenhaus* ereignet sich jedoch etwas, das Jan ganz klar von Matzerath unterscheidet: Oskar nennt ihn *Papa (BT, 313)*. Diese ‚Ehre' hat Oskar seinem gesetzlichen Vater, Alfred Matzerath, nie zukommen lassen. Auch lässt Oskar Jan gegenüber zu diesem Zeitpunkt die Maske seiner Dreijährigkeit fallen, ebenfalls ein einmaliges Ereignis, und gibt sich seinem mutmaßlichen Vater Jan Bronski als fünfzehnjähriger Junge zu erkennen. Fast könnte man den Eindruck bekommen, dass Oskar bereits weiß, dass Jan nur noch wenige Stunden zu leben hat und er, Oskar, Jan vor dessen Tod sein wahres Gesicht zeigen kann. Verwunderlich ist jedoch, dass sich bei dem Skatspiel, bei dem Oskar zum ersten Mal in Gegenwart von Erwachsenen richtig spricht, keiner über Oskars plötzliche Redegewandtheit, geschweige denn sein Verhalten wundert. Jan schaut ihn *zwar kurz und unbegreiflich blau an (BT, 307)*, aber er äußert sich nicht zu diesem veränderten Oskar.

---

[86] Schwan, Werner: Ich bin doch kein Unmensch. S.37.

[87] Rothenberg, Jürgen: Günter Grass. Das Chaos in verbesserter Ausführung. S.15.

Jan wird am Ende festgenommen und erschossen. Die Benachrichtigung, die seine Frau Hedwig daraufhin bekommt, klingt unpersönlich und von brutaler Härte (*auf Anordnung, BT 321*), so als ob Jans feinfühlige, sensible Art noch einmal unterstrichen und durch eine solch kalte und distanzierte Mitteilung hervorgehoben werden soll.

Oskar Matzerath

Oskars spezifische Erfahrungen als Gnom und Kleinwüchsiger garantieren ihm einen besonderen Blick von unten. Sein point of view ist sehr wechselhaft, genauso wie die räumliche Nähe, die er zu dem Erzählten hat, oft sehr eng, bzw. nah ist. Zum einen beschreibt Oskar alles aus der Froschperspektive, wenn er unter den Röcken, unter dem Tisch, unter der Tribüne sitzt. Er sitzt sozusagen unter allen erwachsenen Leuten, da er klein ist. So sieht er das, was die Leute nicht gerne zugeben und verbergen möchten, er sieht die interessanten Sachen. Aber Oskar genießt auch den Überblick, den ihm der olympische Standpunkt ermöglicht: Zum Zeitpunkt des Erzählens weiß Oskar mehr als das, was ihm zum Zeitpunkt des Erzählten bekannt war.[88] Auch dass er fix und fertig geboren wird, also die Vergangenheit kennt und in die Zukunft blicken kann, kommt Oskar sehr gelegen. An dieser Stelle sei nur kurz auf die Grass'sche vierte Zeit, die „Vergegenkunft" hingewiesen, welche die Vergangenheit erkennbar macht für die Gegenwart und die Zukunft.[89] Die Kindlichkeit des Erzählers, seine Naivität, und seine Überheblichkeit charakterisieren seine Erzählweise. Auch zeigt Oskar als Erzähler keine Reue, obwohl er drei große Schuldlasten mit sich trägt – den Tod seiner Mutter, die Erschießung Jans, den Mord an Matzerath. Vermutlich würde er wieder genauso handeln; diese Vermutung drängt sich dem Leser ob Oskars unmoralischem und amoralischem Verhalten auf. Ersteres zeigt sich meist im sexuellen Bereich; nach Oskars Vorstellungen ist sein Verhalten völlig erlaubt, nach den gesellschaftlichen Vorstellungen handelt er jedoch völlig unmoralisch. Oskar richtet als Erzähler einen amoralischen Blick auf die Welt, was zur Folge hat, dass es im Roman keine Tabus und keine Dezenz gibt. Ein Beispiel hierfür ist die Nonnenerschießung (*BT, 436-450*).

---

[88] Zum olympischen Standpunkt gehört bei Oskar noch seine Nativität.

[89] Grass hat diesen Zeit-Begriff in Zusammenhang mit seinen Erlebnissen während des Krieges und die darauf folgende Umerziehung gebraucht. „Vergegenkunft" bezieht sich vor allen Dingen auf die Auswirkungen von Auschwitz auf das Schreiben.

Oskar ist, ob er es will oder nicht, ein Kleinbürger. Er gehört zu all den kleinbürgerlichen Menschen, die er charakterisierend darstellt, und auch ihre Mentalität ist ihm nicht so fremd, wie er dem Leser gerne weismachen möchte. Was ihn jedoch von ihnen unterscheidet, ist seine Protesthaltung. Diese äußert sich zum einen mit seiner Trommelei, zum anderen mit der Verweigerung des Wachstums:

> Kleine und große Leut', Kleiner und Großer Belt, kleines und großes ABC, Hänschenklein und Karl der Große, David und Goliath, Mann im Ohr und Gardemaß; ich blieb der Dreijährige, der Gnom, der Däumling, der nicht aufzustockende Dreikäsehoch blieb ich, um Unterscheidungen wie kleiner und großer Katechismus enthoben zu sein. (BT, 71)

Oskar protestiert sowohl auf der politischen als auch auf der privaten Ebene gegen gängige Vorstellungen und Verhaltensweisen. Auf der privaten Ebene gilt sein Protest vornehmlich seinen beiden vermeintlichen Vätern.

Alfred Matzerath nennt er immer wieder seinen *mutmaßlichen Vater (BT, 147, 518, 531)*, stets die Möglichkeit einräumend, dass auch Jan Bronski als Vater in Frage käme: *Jan Bronski, mein[] Onkel und Vater (BT, 320)*. An Matzerath stört Oskar dessen Behaglichkeitsstreben, an Bronski seine Gutgläubigkeit und seine Feigheit. Beide zieht er für ihr Fehlverhalten zur Verantwortung, Jan Bronski, indem er ihn in die Polnische Post lockt, obwohl dieser das Weite suchen will, und Alfred Matzerath, indem er ihn zwingt, zu seiner Partei zu stehen, als dieser versucht, seine Parteizugehörigkeit zu vertuschen. Beide Male hat Oskars Zur-Verantwortung-Ziehen den Tod der zur Verantwortung Gezogenen zur Folge: Jan wird von der Heimwehr hingerichtet, Matzerath erstickt an seinem Parteiabzeichen. Oskar gibt seine Schuld am Tod der beiden offen zu:

> Ich, Oskar Matzerath, gebe zu, am Vorabend des ersten September dem Jan Bronski, der auf dem Heimweg war, aufgelauert zu haben und ihn mittels einer reparaturbedürftigen Trommel in jene Polnische Post gelockt zu haben, die Jan Bronski verlassen hatte, weil er sie nicht verteidigen wollte. (BT, 323)

> ..., gestand Oskar sich ein, dass er Matzerath vorsätzlich getötet hatte, wie jener aller Wahrscheinlichkeit nach nicht nur sein mutmaßlicher, sondern sein wirklicher Vater war; auch weil er es satt hatte, sein Leben lang einen Vater mit sich herumschleppen zu müssen. (BT, 531)

Mit seinen Vätern zieht Oskar stellvertretend eine ganze Generation von Erwachsenen, die um 1933 politisch, gesellschaftlich und sozial mitbestimmend waren, zur Verantwortung. Aber Oskar protestiert auch gegen das Kleinbürgerliche schlechthin. Seine Beschreibung der Menge, die vor der Tribüne versammelt ist, lässt nur einen Schluss zu: er kritisiert die „kulturelle und ideologische Orientierungslosigkeit"[90], die dazu führt, dass die Leute sich ihre Langeweile auf Nazi-Kundgebungen vertreiben:

> Und dann die Menge. Ich roch sie durch die Ritzen der Tribünenverschalung. Das stand und berührte sich mit Ellenbogen und Sonntagskleidung, das war zu Fuß gekommen oder mit der Straßenbahn, das hatte zum Teil die Frühmesse besucht und war dort nicht zufriedengestellt worden, das war gekommen, um seiner Braut am Arm etwas zu bieten, das wollte mit dabei sein, wenn Geschichte gemacht wird, und wenn auch der Vormittag dabei draufging. (BT, 151; Hervorhebungen von mir)

Die Figur Oskar als Kleinbürger hat auch die Funktion, den Epochenzustand allegorisch darzustellen. Oskars Wachstumsgeschichte deckt sich mit den einzelnen Zeitabschnitten, die im Roman wichtig sind. Oskar stellt sein Wachstum an seinem dritten Geburtstag, also 1927 ein, zu einem Zeitpunkt, an dem die antisemitische Stimmung schon spürbar war. Im Mai 1945 nimmt er sein Wachstum wieder auf, was genau dann geschieht, als Deutschland kapituliert. Brode hält es für möglich, dass Oskar sich entschließt zu wachsen, da „die Ära der Scheußlichkeit vorüber [ist], ein kleiner Schritt in Richtung Erwachsenennormalität ist denkbar"[91]. Allgemeiner lässt sich Oskars Leben, inklusive seinen Wachstumsstufen mit den groben Zeitabschnitten des Romans so gleichsetzen: Buch 1 – Kindheit in der Vorkriegszeit; Buch 2 – Jugend während des Krieges; Buch 3 – Erwachsensein in der Nachkriegszeit. Aber es sind nicht nur die Übereinstimmungen, die sich zwischen Wachstum und Zeit ablesen lassen. Oskars Wachstumsgeschichte kann auch als allegorisches Barometer für den Bewusstseinszustand des deutschen Kleinbürgertums gesehen werden. Als nicht weiter wachsender Dreijähriger ist Oskar eine Allegorie auf die Infantilität seiner Zeit, auf die „kindliche Unverantwortlichkeit [...] einer infantil gebliebenen Erwachsenenwelt" (IX, S.431), die politisch nicht verantwortlich sein will:

---

[90] Kim, Nury: Allegorie oder Authentizität. S.73.

[91] Brode, Hanspeter: Günter Grass. München, 1979, S.75.

> „Es ist die kindliche Ohnmachtsbezeugung, die infantile Geste, mit
> der Erwachsene ständig Schuld und Verantwortung außerhalb ihres
> eigenen Bereiches vermuten und mystifizieren: Die Gesellschaft ist
> schuld, die Verhältnisse sind schuld." (IX, S.431)

Als 1,41m großer, beziehungsweise kleiner Erwachsener – Oskar ist jetzt 21, also gemäß der geltenden Rechtslage der fünfziger Jahre volljährig – mit Buckel demonstriert er „bildlich, dass es der Nachkriegsgesellschaft nicht gelungen ist, den Zustand des aufgeklärten Bewusstseins zu erreichen, weil die Nachkriegsdeutschen die Nazivergangenheit blindlings vergessen und verdrängen wollen, statt sie durch ernsthafte Reflexion aufzuarbeiten"[92].

Auf der politischen Ebene ist Oskars Haltung und Bedeutung in der Forschung umstritten. Brode[93] sieht in Oskar Matzerath eine Nazi-Allegorie und eine direkte Verbindung zu der Figur Adolf Hitlers. Denn auch Adolf Hitler stammte aus kleinbürgerlichem Milieu und lehnte sich genauso wie Oskar mit vehementen Protest gegen die materielle Enge des Sozialmilieus und gegen die väterliche Autorität auf. Weiterhin erinnern an Hitler, die öfters beschriebene Blauäugigkeit Oskars, die Jesus-Identifikation, sein *weltumfassendes Halbwissen (BT, 217)*, militärische Kenntnisse und seine Trommelleidenschaft. Hitler wurde vor allem in politischen Auseinandersetzungen während der letzten Jahre der Weimarer Republik des Öfteren als "Trommler" tituliert und dargestellt. Die Trommel, schon immer ein Zeichen für Militarismus und Disziplin, lässt sich in mehrere Richtungen deuten. Das Trommeln signalisiert nach Brode die vorherrschende Aggressivität der Zeit. Dagegen wäre zu setzen, dass Oskar mit seiner Trommel die Nazi-Aufläufe stört, ja, sie sogar zerstört, siehe Tribünenepisode. Im Kapitel *Falter und Glühbirne* sagt Oskar zwar:

> Schließlich schlägt der Mensch auf Pauken, Becken, Kessel und
> Trommeln. Er spricht von Trommelrevolvern, vom Trommelfeuer,
> man trommelt jemanden heraus, man trommelt zusammen, man
> trommelt ins Grab. Das tun Trommelknaben, Trommelbuben. (BT, 53)

Und obwohl man diese Aussage durchaus dahingehend interpretieren könnte, dass die Trommel ein Instrument der Propaganda und somit ein Zeichen für die zerstörerische Strömung der Nazi-Zeit ist[94], muss man auch anerkennen, dass

---

[92] Kim, Nury: Allegorie oder Authentizität. S.86.

[93] Brode, Hanspeter: Günter Grass. S.78-80.

[94] Kim, Nury. Allegorie oder Authentizität. S.82.

Oskar sich in der Tribünenepisode gegen diese Trommelbuben durchzusetzen versucht und gegen sie antrommelt, und das mit Erfolg. Nach Brode lässt sich auch Oskars glaszersingende Stimme, die mit Hitler die Destruktivität gemeinsam hat – Hitler zerstörte, indem er sprach und befahl, Oskar verführt unbescholtene Menschen zum Diebstahl – in eine andere Richtung interpretieren. Krumme weist darauf hin, dass gerade die Stockturm-Episode mit der Zerstörung des Stadttheaters durch Oskars Stimme ein klarer Beleg dafür ist, dass Oskar nicht als Nazi-Allegorie oder als Hitler-Karrikatur zu lesen ist, sondern, wenn überhaupt, als Hitler-Parodie.[95] Die Problematik hierbei liegt in Oskars eindeutiger Affinität gegenüber Polen. Wenn er sich auch nach dem Angriff auf die Polnische Post zu den *Heimwehrleuten* zählt *(BT, 319)*, so gilt seine Sympathie doch allen Randgruppen, die in der *Blechtrommel* durch Politik, Krieg und Verbrechen Nachteile und Leid erfahren müssen. In einem langen Abschnitt, der an dieser Stelle gerade wegen seiner Länge nicht wiedergeben werden kann, drückt er seine Gefühle für Polen aus *(BT, 135)*. Auch Arker weist darauf hin, dass Oskar weder als Nazi-Allegorie noch als Hitler-Karrikatur zu lesen ist, vielmehr ist er ein Protesttrommler und -singer, der sich prinzipiell an allen Massenveranstaltungen stört:

> Damals konnte man noch den Leuten auf und vor Tribünen mit einer armseligen Blechtrommel beikommen, und ich muss zugeben, dass ich meinen Bühnentrick ähnlich wie das fernwirkende Glaszersingen bis zur Perfektion trieb. Ich trommelte nicht nur gegen braune Versammlungen. Oskar saß den Roten und den Schwarzen, den Pfandfindern und Spinathemden von der PX, den Zeugen Jehovas und dem Kyffhäuserbund, den Vegetariern und den Jungpolen von der Ozonbewegung unter der Tribüne. Was sie auch zu singen, zu blasen, zu beten und zu verkünden hatten: Meine Trommel wusste es besser.(BT, 158)

Hier benennt Oskar seine Trommel „als Medium individuellen Protests gegen das Massenzeitalter"[96], die er dann benutzt, wenn er sich einen gewissen Freiraum schaffen möchte, und wenn er gegen irgendetwas, das mit Ideologie zu tun haben könnte, angehen will. Damit nimmt er der Trommel zwar nicht ihre gruppenbildende Wirkung, die sie beispielsweise für Märsche besitzt, aber er relativiert sie doch erheblich.

---

[95] Krumme, Detlef: Günter Grass. Die Blechtrommel. S.118.

[96] Arker, Dieter: Nichts ist vorbei, alles kommt wieder. S.159.

Die Vermittlung politischen Geschehens

Enzensberger[97] bezeichnet Grass' *Blechtrommel* als „historischer Roman aus dem zwanzigsten Jahrhundert", als „eine Saga der untergegangenen freien Stadt Danzig, eine poetische Rettung jener kleinen Welt, in der Deutsche und Polen, Juden und Kaschuben zusammenlebten, vor dem Vergessenwerden". Die *Blechtrommel* ist zwar insofern kein historischer Roman, dass die Zeitgeschichte nicht die Handlung und die erzählerische Achse bestimmt, aber in gewisser Hinsicht ist sie es doch, da sie durch die Vermittlung des kleinbürgerlich geprägten Alltags „die folgenschwere Zeitgeschichte ahnen"[98] lässt. In den folgenden Kapiteln wird gezeigt, wie einzelne große geschichtliche Ereignisse den kleinbürgerlichen Alltag prägen, wie sie in die Romanhandlung integriert werden und, beziehungsweise oder, wie manch kleines, privates, kleinbürgerliches Geschehen eine Allegorie auf die große Geschichte ist.

Die Tribüne

Das Kapitel *Die Tribüne* lässt sich in vier Episoden unterteilen:

a) *Im Theater*   S.136/37

b) *In der Waldoper*   S.137-142

c) *Im Zirkus*   S.142-145

d) *Unter der Tribüne*   S.145-156

Die Episode *Unter der Tribüne* stellt den Höhepunkt und somit die wichtigste Episode des Kapitels dar, gleichzeitig ist sie auch die einzige, die sich mit Politik beschäftigt. Auf die Episode *Im Theater* wird später näher eingegangen, insgesamt bildet sie aber mit den Episoden *In der Waldoper* und *Im Zirkus* das Vorspiel für die Tribünenepisode. Betrachtet man Oskars Besuch der Waldoper, muss man auch das vorangegangene Kapitel *Fernwirkender Gesang vom Stockturm aus gesungen* mit einbeziehen, da Oskar hier „seinen glastötenden Schrei gegen das Theater der Stadt einsetzt, [und somit] seine eigene Kunstauffassung mittelbar jener anderen, die im bürgerlichen Theater beheimatet ist, entgegen[setzt]"[99]. Auch in der Waldoper setzt Oskar seine Stimme zu demselben Zweck ein: er will seine ästhetische Haltung vermitteln.

---

[97] Enzensberger, Hans Magnus: Wilhelm Meister, auf Blech getrommelt. S.10/11.

[98] Kim, Nury: Allegorie oder Authentizität. S.80.

[99] Just, Georg: Darstellung und Appell. S.185.

Gleichzeitig wird der Leser mit der lauten Darbietung der Wagner-Oper im Sommer 1933 auf Hitlers Kommen vorbereitet: *Die Zeit der Fackelzüge und Aufmärsche auf Tribünen begann (BT, 145)*. Im Zirkus, einem Ort der Illusionen, trifft er zum ersten Mal Bebra, der ihm den Ratschlag gibt, bei den kommenden Fackelzügen und Tribünenveranstaltungen entweder auf oder unter der Tribüne zu sein, aber niemals davor. Damit ist die Überleitung gemacht zur Tribünenepisode, die allegorisch das politische Geschehen nach 1933 im privaten Bereich darstellt. Matzeraths Parteibeitritt wird erwähnt, ein Hitlerbild wird aufgehängt, Matzeraths kauft sich nach und nach seine Uniform zusammen und nimmt an sonntäglichen Kundgebungen teil. Oskar, der, wie all die anderen Kleinbürger auch, sonntags etwas geboten bekommen möchte, begibt sich an einem Sonntag trommelnd auf die Maiwiese, wo die Kundgebungen stattfinden:

> Sie werden sagen, musste es unbedingt die Maiwiese sein? Glauben Sie mir bitte, dass an Sonntagen im Hafen nichts los war, dass ich mich zu Waldspaziergängen nicht entschließen konnte, dass mir das Innere der Herz-Jesu-Kirche damals noch nichts sagte. Zwar gab es och die Pfadfinder des Herrn Greff, aber jener verklemmten Erotik zog ich, es sei hier zugegeben, den Rummel auf der Maiwiese vor; auch wenn Sie mich jetzt einen Mitläufer heißen. (BT, 147)

Ins Auge fällt dem Ästhet Oskar sofort die Symmetrie der Tribüne, der exakte Schnitt der Uniformen und die Marschmusik. Oskars Blick verengt sich jedoch schnell auf den *vielversprechenden Buckel (BT, 149)* des Gauschulungsleiters Löbsack. In Löbsack sieht Oskar einen möglichen Abgesandten Bebras, für ihn mit ein Grund, warum er sich zunächst auf die Tribüne stellt. Aber schon bald wird er in seiner Erwartung enttäuscht, sein Löbsack zugeflüstertes *Bebra ist unser Führer (BT, 149)* hat nicht den gewünschten Effekt, Löbsack versteht ihn nicht. Nun begreift Oskar, dass die hier vertretene Ideologie nicht die seine ist, er geht von der Tribüne herunter und sieht sie sich nochmals genauer an. Plötzlich stört ihn die zuvor gelobte Symmetrie, und auch die Musik erscheint ihm verdächtig:

> Je länger ich mir die Tribüne, vor der Tribüne stehend, ansah, umso verdächtiger wurde mir jene Symmetrie, die durch Löbsacks Buckel nur ungenügend gemildert wurde. Es liegt nahe, dass meine Kritik sich vor allen Dingen an den Trommlern und Fanfarenbläsern rieb. (BT, 149/50)

Er begibt sich unter die Tribüne und beginnt, gegen die Marschmusik anzutrommeln. Die Musik, die er dazu wählt, ist ein Walzer im Dreivierteltakt, *der so beliebt ist beim Volk (BT, 150)*. Das Volk wird davon mitgerissen, die Kundgebung ist gestört und löst sich kurz danach auf. Oskar entlarvt hier zwar den „Riesenzauber, der einem illusionsversessenen Volk erfolgreich vorgemacht wird", und stellt sich gegen die politische Macht, jedoch ohne „eine (ideologische) Gegenposition anzubieten".[100] Seine Absicht ist nur, „das Leben zu ästhetisieren und dabei zugleich den menschlichen, ‚wahren' Gefühlen zu ihrem Recht zu verhelfen: eine Humanisierung, die sich [...] im Tanz auf der Festwiese ausdrückt und die vom Erzähler in dem Begriff ‚Kultur' als Gegenbegriff zu Ordnung und Gesetz zusammengefasst wird"[101]:

> Gesetz ging flöten und Ordnungssinn. Wer aber mehr die Kultur liebte, konnte auf den breiten gepflegten Promenaden jener Hindenburgallee, die während des achtzehnten Jahrhunderts erstmals angepflanzt, [...] auf historischem Boden also konnten die Tänzer auf der Hindenburgallee meine Musik haben. (BT, 154)

Oskar möchte deswegen aber keinesfalls als *Widerstandskämpfer (BT, 157)* angesehen werden. Denn er hat nicht aus politischen Gründen gehandelt, sondern aus persönlich-ästhetischen. Darum bittet er den Leser, in ihm

> nichts anderes als einen etwas eigenbrötlerischen Menschen zu sehen, der aus privaten, dazu ästhetischen Gründen, auch seines Lehrers Bebra Ermahnungen beherzigend, Farbe und Schnitt der Uniformen, Takt und Lautstärke der auf Tribünen üblichen Musik ablehnte und deshalb auf einem bloßen Kinderspielzeug einigen Protest zusammentrommelte. (BT, 158)

Wie bereits erwähnt wendet sich Oskar gegen alles, was mit Ideologie zu tun hat, gegen die Organisation als solche unternimmt er nichts. Sein *zerstörerisches Werk (BT, 158)* ist ein ideologiezerstörendes, und „soll all jene treffen, die von erhöhter Warte aus alleinseligmachende Wahrheiten verkünden"[102]. Die Tribüne ist die allegorische Darstellung dessen.

---

[100] Just, Georg: Darstellung und Appell. S.186.

[101] Jendrowiak, Silke: Günter Grass und die ‚Hybris' des Kleinbürgers. Heidelberg, 1979, S.135.

[102] Ebd, S.136.

Niobe

Im Kapitel *Niobe* wird am deutlichsten, dass man die heraufziehende Katastrophe des Zweiten Weltkrieges durchaus hätte kommen sehen und darum vielleicht auch etwas gegen sie hätte unternehmen können. Eine ähnlich starke Andeutung gibt es sonst nur einmal, nämlich in den Bemerkungen von Sigismund Markus:

> Setzen Se nicht auf de Polen, setzen Se, wenn Se setzen wollen, auf de Deitschen, weil se hochkommen, wenn nich heit dann morgen; [...] Aber er bittet Ihnen von Herzen, wenn Se doch nur nicht mehr setzen wollen auffen meschuggenen Bronski, dä bei de Polnischen Post bleibt, wo doch bald färtich is midde Polen, wenn se kommen de Deitschen! (BT, 133)

Natürlich sind weitere Warnungen im Roman vorhanden, vorneweg Bebras Rat an Oskar, nicht vor, sondern auf Tribünen zu stehen, oder doch zumindest darunter zu sitzen, denn die Zeit der Fackelzüge, Festplätze und Tribünen wäre kurz davor, zu beginnen *(BT, 144/145)*. Auch Schugger Leo, obwohl als verrückt und psychisch labil dargestellt, weiß von der kommenden Gefahr:

> Aufgescheucht warf sich Leos bleicher Handschuh hoch, flog davon und zog Leo mit sich über Gräber hinweg. Schreien hörte man ihn; doch war es kein Beileid, was da als Wortfetzen in der Friedhofsbepflanzung hängenblieb. (BT, 254)

Niobe muss, auch gemäß dem Erzähler, als Vorzeichen aufgefasst werden, welches das nächste Kapitel *Glaube Hoffnung Liebe* einleitet:

> Dennoch gab es damals Vorzeichen genug für ein Unglück, das immer größere Stiefel anzog, mit immer größeren Stiefeln größere Schritte machte und das Unglück umherzutragen gedachte. Da starb mein Freund Herbert Truczinski an einer Brustwunde, die ihm ein hölzernes Weib zugefügt hatte. Das Weib starb nicht. Das wurde versiegelt und im Museumskeller, angeblich wegen Restaurationsarbeiten, aufbewahrt. Doch man kann das Unglück nicht einkellern. Mit den Abwässern findet es durch die Kanalisation, es teilt sich den Gasleitungen mit, kommt allen Haushaltungen zu, und niemand, der da sein Suppentöpfchen auf die bläulichen Flammen stellt, ahnt, dass da das Unglück seinen Fraß zum Kochen bringt. (BT, 253)

Mit dieser Aussage benennt der Erzähler nicht nur die Holzfigur Niobe als Vorzeichen für das kommende Unglück, sondern er benennt das Unglück selbst als eines, das nicht ausrottbar ist, es kann jederzeit wieder kommen. Ein Thema, das den Erzähler im dritten Buch nochmals beschäftigen wird.

Das Kapitel *Niobe* hat vordergründig die Lebensgeschichte Herbert Truczinskis zum Thema, da es eng verbunden ist mit dem vorausgehenden Kapitel *Herbert Truczinskis Rücken*. Herbert, ein ruhiger, gutmütiger Typ mit einer Schwäche für zierliche Frauen, wird aufgrund seiner politischen Überzeugung – er ist Kommunist – in mehrere Messerstechereien in der Hafenvorstadt, wo er als Kellner arbeitet, verwickelt. Diese Messerstechereien sind von ihm teils unprovoziert, teils mitverantwortet, wie man aus einer Bemerkung seiner Mutter herauslesen kann:

> Hast sie wohl wieder von deine Ideen mit Lenin erzählt, oder hast dir im spanischen Birjerkrieg reingemischt? (BT, 227)

Die Folge davon sind Narben auf Herberts Rücken, von denen er jede einzelne genau kennt und Oskar detailliert erzählen kann, wie und wann er sie bekommen hat. Wichtig erscheint hierbei, dass Herberts Narben auf politisch geschürte Emotionen zurückzuführen sind. Damit werden sie zum Ausdruck „der anwachsenden innerpolitischen beziehungsweise nationalen, wenig später in den Zweiten Weltkrieg mündenden Machtkämpfe im Europa der dreißiger Jahre"[103]. Der Erzähler ordnet den Narben eine ähnliche erinnerungsfördernde Funktion zu wie seiner Trommel, aber sie dienen ihm auch als Ausdruck für die Triebe im Menschen, die sich politisch wie sexuell auswirken können, da er sie mit Weichteilen wie Ringfinger und Gießkännchen in Verbindung bringt und damit auf sein eigenes Schicksal anspielt:

> Die ersten Berührungen jener Wülste auf dem weiten Rücken meines Freundes verhießen mir schon damals Bekanntschaft und zeitweiligen Besitz jener Verhärtungen, die zur Liebe bereite Frauen kurzfristig an sich haben. Gleichfalls versprachen mir die Zeichen auf Herberts Rücken zu jenem frühen Zeitpunkt schon den Ringfinger, und [...] die gelegentlich aufbrechenden Krater jüngerer und älterer Frauen, schließlich den Ringfinger und immer wieder, vom Gießkännchen des Jesusknaben an, mein eigenes Geschlecht, das ich

---

[103] Jendrowiak, Silke: Günter Grass und die ‚Hybris' des Kleinbürgers. S.143.

> unentwegt, wie das launenhafte Denkmal meiner Ohnmacht und
> begrenzter Möglichkeiten, bei mir trage. (BT, 229)

Seinen Job als Hafenkellner kündigt Herbert, als er unfreiwillig bei einer weiteren gewalttätigen Auseinandersetzung einen lettischen Kapitän erschlägt. Nach einer kurzen arbeitslosen Phase tritt er den Posten des Museumswärters im Schifffahrtsmuseum an, indem ein besonderer Schatz lagert: die Galionsfigur Niobe. Niobes Weg in das Danziger Schifffahrtsmuseum wird genau berichtet, auch von den Opfern auf diesem Weg ist mehrfach die Rede. Der Galionsfigur wird die Schuld an verlorenen Schlachten, persönlichem Unglück und Krankheiten gegeben:

> Ein üppig hölzernes, grün nacktes Weib, das unter erhobenen Armen, die sich lässig und alle Finger zeigend verschränkten, über zielstrebigen Brüsten hinweg aus eingelassenen Bernsteinaugen geradeaussah. Dieses Weib, die Galionsfigur, brachte Unglück. (BT, 240)

Die indirekte Andeutung in der Vorgeschichte der *griehne Marjell (BT, 242)* ist deutlich: der Figur werden mythische Kräfte zugesprochen, die Männer in den Untergang treiben. Aufgrund der vielen Verweise in ihrer Vorgeschichte auf Politisches kann man auch darauf schließen, dass Niobe „als bildlicher Ausdruck einer ins weiblich-mythische überhöhten (und verfälschten) Kriegsmotivation"[104] dient und damit zu einer Allegorie wird für die dämonischen Verführungskräfte einer Politik, die das Schicksal der Deutschen besiegelte. Diesen Aspekt sollte man jedoch nicht zu weit verfolgen, da, bedenkt man den gesamten Roman, Grass den Nationalsozialismus gerade nicht als dämonische Macht darstellt. Wichtig erscheint hierbei nur der in Niobe angelegte Hinweis auf ein sich erfüllendes Schicksal, dem sich niemand entziehen kann. Die antike griechische Göttin Niobe hatte sieben Söhne und sieben Töchter. Ihr Kinderreichtum ließ sie gegenüber der Göttin Leto, die nur einen Sohn, Apollon, und eine Tochter, Artemis, hatte, prahlen. Um den Hochmut der Niobe zu brechen, töte Apollon mit seinen Pfeilen sechs von Niobes Söhne, während Artemis sechs Töchtern den Tod brachte, ebenfalls mit Pfeilen. Obwohl auch sie jetzt nur noch jeweils einen Sohn und eine Tochter hatte, blieb Niobe hochmütig und verachtete Leto, da diese immer nur einen Sohn und eine Tochter gehabt hatte, wohingegen sie, Niobe, sieben zur Welt gebracht hatte. Daraufhin töteten Apollon und Artemis auch noch die letzten

---

[104] Jendrowiak, Silke: Günter Grass und die ‚Hybris' des Kleinbürgers. S.144.

beiden von Niobes Kinder. Aus Verzweiflung über den Tod ihrer Kinder weinte Niobe so lange, bis sie zu Stein erstarrte.[105] Rothenberg verweist darum auf die Bequemlichkeit und das Behagen, mit denen sich Herbert jedes Mal nach einer Messerstecherei auf das Sofa legt, und mit denen er sich in sein Schicksal – die Vernarrtheit in Niobe – ergibt. Rothenberg spricht in diesem Zusammenhang von Behagen nicht als soziologisches Spezifikum, sondern als eine „sozusagen nationale, sprich deutsche Unart"[106], die es allen Deutschen erlaubte, nichts gegen die Nationalsozialisten zu unternehmen. Damit würde sich Herbert Truczinski auf einer Linie mit Matzerath befinden, der ja ebenfalls ein ausgesprochenes Behaglichkeitsbedürfnis hat. Dies mag insofern zutreffen, da es Warnungen und Vorzeichen für die wahren Intentionen der Nationalsozialisten genug gegeben hat, dass man aber zu bequem und zu eingefahren in seinen Wegen war, um etwas dagegen zu tun. Herbert jedenfalls umarmt sein Schicksal, er greift den Nationalsozialisten vor und begeht Selbstmord, indem er den *Versuch einer Liebe zwischen Holz und Fleisch (BT, 252)* wagt. Damit wird er, aber vor allen Dingen Niobe, nicht nur zum „Beispiel für die Konsequenz sexuell-dämonischer Verführungskraft eines – dazu noch hölzernen – Weibes. In dieser Figur ist vielmehr eine Doppeldeutigkeit angelegt, durch welche auch von der Niobe wieder auf den politischen Aspekt der Gewalt zurückgewiesen wird"[107].

Die Märchen

> „Keine Verstellung von Wirklichkeit, keine Denunzierung des Märchenerzählers als eines Menschen, der – „na, der erzählt nur Märchen" – vor der Realität flüchtet, sondern die um sich greifende Erkenntnis, dass im Märchen in bündiger Form oft mehr Realität eingefangen ist als zum Beispiel im angeblich so tiefschürfenden psychologischen Roman."[108]

Grass verwendet die Märchenform in der *Blechtrommel* nur dann, wenn außergewöhnliche oder einschneidende Ereignisse zu erzählen sind. Dabei tritt das Geschichtliche erst einmal zurück, der Blick des Lesers wird auf das

---

[105] Gottschalk, Herbert: Lexikon der Mythologie. München, 1985, S.206.
[106] Rothenberg, Jürgen: Günter Grass. Das Chaos in verbesserter Ausführung. S.16.
[107] Jendrowiak, Silke: Günter Grass und die ‚Hybris' des Kleinbürgers. S.144.
[108] Günter Grass in Raddatz, Fritz J.: ZEIT-Gespräche. Frankfurt am Main, 1978, S.13.

unmittelbare Geschehen gelenkt, das jedoch nur einen kleinen Ausschnitt des großen Ganzen ist, dadurch aber gerade einen ungeheuer große Symbolgehalt hat. Dies wird besonders im Kapitel *Glaube Hoffnung Liebe* wichtig.

Der Däumling

Dieses Märchen steht am Anfang des Kapitels *Die Tribüne*. Oskar sieht es am letzten Adventssonntag 1932, also kurz vor Hitlers Machtübernahme, welche jedoch nicht erwähnt wird. Dass Oskar das Märchen vom Däumling besucht, hat natürlich einen Grund: der Däumling hat im Märchen eine besondere Stellung, analog dazu hat auch der kleinwüchsige Oskar im Roman eine besondere Funktion. Deutlich herausgearbeitet wird bei der Erzählung des Märchens der idyllische Schluss (*Ach, Vater, ich war in einem Mauseloch, in einer Kuh Bauch und in eines Wolfes Wanst: Nun bleib ich bei Euch. BT, 137*), der in genauem Gegensatz zu dem weniger idyllischen Schluss der Romanhandlung steht. Auch dass man den Däumling auf der Bühne nicht sieht, spricht für seine Verwandtschaft mit Oskar, der ebenfalls versucht, unentdeckt zu bleiben, sei es bei den Skatrunden unter dem Tisch, bei seinen Verführungen zum Diebstahl, oder allgemein als allwissender Dreijähriger, der sich vor der Erwachsenenwelt versteckt, um nicht Teil davon zu werden. Eine weitere Gemeinsamkeit zwischen Däumling und Oskar besteht darin, dass der Leser weder von dem einen noch von dem anderen innere Beweggründe erfährt. Was den Däumling dazu treibt, den elterlichen Hof zu verlassen bleibt ausgespart, genauso wie Oskars Motivation für sein Handeln durch den ganzen Roman hindurch nicht erklärt wird. Das Märchen vom Däumling dient an dieser Stelle vor allem dazu, die Gestalt Oskars als eine zu beleuchten, die das Geschehen aus ihrem ‚Versteck' heraus begutachtet, hier allerdings losgelöst vom historischen Zeitgefüge, sowie als Vorbereitung auf die kommenden Ereignisse.

Glaube Hoffnung Liebe

Dieses Kapitel wird allgemein als der Höhepunkt des gesamten Romans betrachtet und gleichzeitig als eine Zusammenfassung des ersten Buches. Seine Platzierung innerhalb des Romans hebt es nochmals hervor: Die Ereignisse des ersten Buches finden zur Zeit des Aufstiegs der Nationalsozialisten statt, das zweite Buch hat als zeitlichen Rahmen den Zweiten Weltkrieg. Das Kapitel *Glaube Hoffnung Liebe* steht demnach dazwischen, und dies trifft auch auf das in ihm geschilderte Ereignis, die Pogromnacht, zu. Die Art, wie dieses Kapitel erzählt wird, ist eine ganz besondere und innerhalb des Romans einmalige. Grass verwendet hier die Fugenform, die eigentlich nur in der Musik

Verwendung findet. Die Fuge ist in der Musik ein mehrstimmiges, kontrapunktisch gesetztes Tonstück, dessen Thema von jeder Stimme nacheinander aufgenommen wird. Obwohl das Grundthema dasselbe bleibt, gibt es Variationen, Entgegensetzungen, Vermischungen und Zwischenspiele. Diese musikalische Eigenart wird von Grass hier in Sprache verwandelt. Das Grundthema bilden Aussagen über das Verhalten während der Pogromnacht von dem Musiker/ SA-Mann Meyn, dem Juden Sigismund Markus und Alfred Matzerath. Hinzu kommt noch Oskars Sorge über die zukünftige Beschaffung von Blechtrommeln. Dieses vielschichtige Grundthema wird nicht als Faktum präsentiert, sondern es wird immer wieder variiert, in neue Sprachformen umgewandelt, wiederholt und mit weiteren Details ausgebaut. Ziel ist es, das Gesagte so anschaulich und einprägsam wie möglich dem Leser nahe zu bringen, man könnte aufgrund der vielen Wiederholungen und Veränderungen fast sagen ‚einzubläuen'. Ein besonderes Augenmerk sollte der Leser darauf richten, wie die einzelnen Ereignisse miteinander verflochten sind, da das eine selten zwingend etwas mit dem anderen zu tun hat. Warum können der Musiker Meyn und der Jude Sigismund Markus nicht friedlich nebeneinander, beziehungsweise miteinander leben? Die Antwort gibt die Fugenform mit ihren Variationen: „Die absurde Logik der Gewaltherrschaft zwingt [...] alles zueinander."[109] Schwan weist darauf hin, dass alle Ereignisse dieses Kapitels mit einem „weil" verbunden werden können: Weil es skrupellose Menschen gibt, die ihr eigenes Streben nach Macht und Anerkennung über das Leben anderer stellen, gibt es Leid und Tod. Die Funktion der Fugenform liegt demnach darin, Ordnung ins Chaos einer durcheinandergebrachten Welt zu bringen um sie verständlich zu machen, sowie das Chaotische ironisch darzustellen, indem ihm das Geordnete gegenüber gestellt wird. Schwan nennt dies „strukturelle Ironie".[110]

Eine weitere erzählerische Eigenart dieses Kapitels ist die Märchenform „Es war einmal". Warum Grass diese verwendet, begründet er so:

> „Ich habe die Märchenform, das „Es-war-einmal-Erzählen", von Anfang an benutzt, von der *Blechtrommel* angefangen, und halte auch diese spezifisch deutsche Form des Erzählens für eine der Grundlagen unserer Literatur."[111]

---

[109] Schwan, Werner: Ich bin doch kein Unmensch. S.34.

[110] Ebd, S.34.

[111] Günter Grass in Raddatz, Fritz J.: ZEIT-Gespräche. Frankfurt am Main, 1978, S.12.

Die Form *Es war einmal* kehrt insgesamt 24-mal im Text wieder, zunächst mit Abständen von mehreren Abschnitten, zu Ende des Kapitels jedoch gehäuft immer am Satzanfang. Ihre Funktion ist es, das Dargestellte als Phantasieprodukt zu präsentieren, losgelöst von Zeit und Romanhandlung, und gleichzeitig den Leser zur Denkarbeit anzuregen, da dieser ja weiß, dass das Erzählte in ähnlicher Form tatsächlich geschehen ist. Der Leser muss also hinter die Fassade der Märchensprache schauen, die das gesamte Kapitel in einen Schein des Unwirklichen taucht. Er muss „die falsche Suggestion [...] demontieren, was ihn umso rückhaltsloser auf die unfassliche Brutalität des Geschehens stößt"[112]. Das letzte *Es war einmal* dient, anders als man es erwartet, jedoch nicht dazu, das Kapitel abzurunden und es zu beenden, sondern im Gegenteil dazu, die Möglichkeit einer weiteren Wiederholung hervorzuheben, die dann ja im dritten Buch nochmals eine Rolle spielen wird:

> Es war einmal ein Musiker, der hieß Meyn, und wenn er nicht gestorben ist, lebt er heute noch und bläst wunderschön Trompete.
> (BT, 264)

Die allegorische Darstellung bedient sich im Kapitel *Glaube Hoffnung Liebe* drei zentraler Motive. Da ist zum einen der SA-Mann Meyn, der Jude Sigismund Markus, und ein Transparent mit der Aufschrift „Glaube – Hoffnung – Liebe". Alle drei Motive stehen allegorisch für einen größeren Zusammenhang. Wie bereits beschrieben, steht Meyn für den eigentlich harmlosen, mit sich selbst unzufriedenen Kleinbürger, der aus einer Lebenskrise heraus der NSDAP beitritt und zu einem der eifrigsten Mittäter wird. Seine Rolle wird in diesem Kapitel verallgemeinert, sein Fall wird generell auf alle Mittäter angewandt:

> Sie sahen alle aus wie der Musiker Meyn, trugen Meyns SA-Uniform.
> (BT, 260)

Matzerath tritt in diesem Kapitel zwar nicht als Mittäter, aber als Schaulustiger auf. Er wärmt sich die Finger an einem Feuer, das mit Büchern angezündet wurde, ohne zu hinterfragen, warum diese Bücher verbrennt werden und ob diese Handlungsweise richtig oder falsch ist:

> Der Berg wurde in Brand gesteckt, und der Kolonialwarenhändler benutzte die Gelegenheit und wärmte seine Finger und seine Gefühle über dem öffentlichen Feuer. (BT, 259)

---

[112] Schwan, Werner: Ich bin doch kein Unmensch. S.34.

Oskar, vordergründig besorgt um seine Trommel, will nicht neben seinem *entflammten (BT, 259)* Vater stehen und eilt zum Spielwarengeschäft von Sigismund Markus. Dort wird er Zeuge der Vandalisierung des Geschäftes und er sieht auch den toten Markus auf seinem Schreibtisch liegen. Markus wird hier eingesetzt als „Prototyp des leidenden, alle Vorgänge hellsichtig begreifenden Opfers"[113]. Angesichts seiner aussichtslosen Lage konnte er nur noch eines tun: den Zeitpunkt seines Todes selbst wählen, damit die SA-Leute ihm nichts mehr anhaben können. Die Spiele der SA hingegen zeugen von der Brutalität und Destruktivität, vor allem jedoch von der Infantilität des Dritten Reiches:

> Einige hatten sich die Hosen heruntergerissen, hatten braune Würste, in denen noch halbverdaute Erbsen zu erkennen waren, auf Segelschiffe, geigende Affen und meine Trommeln gedrückt. [...] Einer, der Kasperlepuppen an den Fingern hatte, stieß ihn [Markus] mit Kasperles Großmutter hölzern an, aber Markus war nicht mehr zu sprechen, nicht mehr zu kränken. (BT, 260)

Das dritte Motiv, das dem Kapitel auch seinen Titel gibt, ist das Transparent einer religiösen Gruppe, auf dem in großen Lettern die Worte *Glaube – Hoffnung – Liebe (BT, 261)* stehen. Diese Worte sind ein zentraler Teil der christlichen Lehre aus dem ersten Korintherbrief des Apostels Paulus, in dem er sich dafür ausspricht, das Leben mache nur Sinn, wenn es von Glaube, Liebe und Hoffnung (in dieser Reihenfolge) bestimmt sei. Oskar nimmt diese Worte zum Anlass, Wortspielereien zu betreiben:

> Leichtgläubig, Hoffmannstropfen, Liebesperlen, Gutehoffnungshütte, Liebfrauenmilch, Gläubigerversammlung. (BT, 261)

Just[114] weist darauf hin, dass es zwar keine vordergründige Verbindung zwischen der christlichen Ideologie und dem in diesem Kapitel gezeigten Nazi-Terror gibt, aber dass der christliche Bereich hier die Bilder, d.h. den Wortschatz für den politischen Bereich liefert und so dem Leser die Verbindung zwischen den beiden Bereichen geradezu aufgedrängt wird. Diese Verbindung sieht er als historisch vorgegeben, da Hitler als der Retter des deutschen Volkes auftrat und auch angesehen wurde, zumindest bis zu einem gewissen Zeitpunkt. Nachdem Oskar die Wortspielereien betrieben hat, wendet er sich dem Glauben als solchen und dem Weihnachtsmann im Besonderen zu. Aber er erkennt, dass

---

[113] Schwan, Werner: Ich bin doch kein Unmensch. S.31/32.

[114] Just, Georg: Darstellung und Appell. S.181.

nicht der Weihnachtsmann am Ende der Adventszeit kommt, sondern der Gasmann, der nur vorgibt, der Weihnachtsmann zu sein:

> Ein ganzes leichtgläubiges Volk glaubte an den Weihnachtsmann. Aber der Weihnachtsmann war in Wirklichkeit der Gasmann. Ich glaube, dass es nach Nüssen riecht und nach Mandeln. Aber es roch nach Gas. (BT, 261)

Dass mit Oskars weiteren Assoziationen auf die Vergasung der Juden angespielt wird, dürfte ohne Zweifel richtig sein. Auch seine Wortspiele mit *ausströmen, Heiliger Geist* und *Gas (BT, 262)*, die das Gas mit dem Heiligen Geist gleichsetzen, weisen in diese Richtung. Dass Liebe und Radieschen in einem Zug genannt werden, verstärkt diesen Eindruck noch:

> Und erzählten sich Beispiele wunderbarer himmlischer, aber auch irdischer Liebe zwischen Radieschen und flüsterten kurz vorm Zubeißen frisch, hungrig und scharf: Radieschen, sag, liebst du mich? (BT, 262)

Der Leser wird damit sofort an die Redensart „Die Radieschen von unten betrachten", die Tod meint, erinnert. Aber das Gas steht nicht nur für den Gastod von sechs Millionen Juden, sondern es hat auch eine viel elementarere Bedeutung. Gas erreicht jeden, hat Wirkung auf jeden Einzelnen, und damit wird es zu einer Allegorie für die Überzeugungskraft der Nazi-Ideologie, die, unsichtbar wie Gas, überall einzudringen vermag, ohne dass man es gleich merkt. Das Volk, das an den Gasmann und die Kraft des Gases, die gleichgesetzt wird mit der des Heiligen Geistes, glaubt, macht daraus seine *Staatsreligion (BT, 262)*, wodurch die Worte auf dem Transparent bedeutungslos werden. *Der dritte Ladenhüter des Korintherbriefes (BT, 262)* ist die Hoffnung. Die Hoffnung auf Schluss machen, damit man nach einem Neuanfang wieder auf das Schlussmachen hoffen kann:

> So steht es auch geschrieben: Solange der Mensch hofft, wird er immer wieder neu anfangen mit dem hoffnungsvollen Schlussmachen. (BT, 262)

Oskar beschreibt hier „die Vision einer Welt, in der das Verbrecherisch-Wahnsinnige mit dem Gleichmaß der Kreisbewegung sich wiederholt"[115]. Die

---

[115] Neuhaus, Volker: Günter Grass. S.48.

einzige Möglichkeit, aus diesem Kreis auszubrechen, sieht Oskar im rechtzeitigen Erkennen der Leichtgläubigkeit:

> Es sind dieselben Metzger, die Wörterbücher und Därme mit Sprache und Wurst füllen, es gibt keinen Paulus, der Mann hieß Saulus und war ein Saulus und erzählte als Saulus den Leuten von Korinth etwas von ungeheuer preiswerten Würsten, die er Glaube, Hoffnung und Liebe nannte, als leicht verdaulich pries, die er heute noch, in immer wechselnder Saulusgestalt, an den Mann bringt. (BT, 264)

Gleichzeitig muss Oskar jedoch eingestehen, dass eine Wiederholung jederzeit möglich ist, wie der letzte Satz des Kapitels beweist, denn der Musiker Meyn wird nie wieder im Roman erwähnt, der Leser erfährt also nicht, ob er gestorben ist oder nicht. Denn mit Meyn wäre dann ja auch die Möglichkeit der Wiederholung gestorben.

Der erste September 1939

> „In Gdańsk suchte ich Danzig [...]. Doch die Söhne wollten ihre Väter heldisch sehen und betrieben (erfolglos) deren Anerkennung: als Widerstandskämpfer. Von beiden Postbeamten (einer war Geldbriefträger gewesen) erhielt ich detaillierte Beschreibungen der Vorgänge in der Polnischen Post während der Verteidigung. Ihre Fluchtwege hätte ich nicht erfinden können." (IX, S.632)

Die Kapitel *Schrott, Die Polnische Post, Das Kartenhaus* und *Er liegt auf Saspe* können insofern unter dem Titel „Erster September 1939" zusammengefasst werden, da sie sich mit dem Kriegsbeginn und seinen unmittelbaren Folgen beschäftigen.

Oskar passt Jan Bronski auf dessen Heimweg ab, um ihn in die Polnische Post zu locken. Als Vorwand benutzt er seine Trommel, die einer Reparatur bedarf. Schon auf dem Weg in die Post, in der Straßenbahn, bemerkt Oskar, dass Jan schwitzt und sehr aufgeregt ist. Der Leser darf bereits hier annehmen, dass Oskar nicht nur wegen seiner Trommel in die Polnische Post will, um sie von Hausmeister Kobyella reparieren zu lassen. Die Kirchturmglocken, welche die Melodie des Liedes *Üb immer Treu und Redlichkeit (BT, 281)* spielen, verfestigen dann den Verdacht, dass Oskar Jan dazu zwingen wird, zu seiner Verantwortung als polnischer Staatsbeamter zu stehen und die Polnische Post zu verteidigen. Ein Verdacht, der sich später (cf. *BT, 323*) mit Oskars Geständnis bestätigt. Oskar schläft traumlos in einem Wäschekorb voller Briefe, die den

Sieg der Deutschen über Polen mit der Germanisierung der Städtenamen bereits vorweg nehmen. Die *tausendjährige Schildkröte (BT, 285)* verweist ebenfalls darauf. Geweckt wird Oskar vom lauten Geräusch der Maschinengewehre, das den beginnenden Krieg zwischen Deutschland und Polen signalisiert. Der Angriff auf die Polnische Post ist die einzige ausführlich beschriebene Kampfhandlung im gesamten Roman, ansonsten lassen sich nur Andeutungen oder Sondermeldungen im Radio ausmachen. Um den polnischen Verteidigern zu helfen, zieht Oskar sogar kurzzeitig den Einsatz seiner glaszersingenden Stimme in Erwägung, verwirft diesen Gedanken jedoch sofort wieder, denn *das hätte dennoch nicht die Polnische Post gerettet (BT, 288)*. Er sagt damit nicht nur, dass die Polnische Post fallen wird, sondern auch, dass ihre Verteidigung ein sinnloses Unterfangen ist. Dies unterstreichen gelegentliche Äußerungen Oskars, die zusätzlich die kindliche und amoralische Darstellung des Geschehens beweisen, wie etwa die Bemerkungen über die *ungenießbaren Knallbonbons (BT, 300)* und den *Riesenspaß* der *Granate (BT, 301)*, die gegen das Hauptportal der Post geschleudert werden. Die Unsinnigkeit der Verteidigung der Polnischen Post wird aber am deutlichsten, wenn Oskar von der polnischen Kavallerie spricht:

> Was ging mich Polen an! Was war das, Polen? Die hatten doch ihre Kavallerie! Sollten sie reiten! Die küssten den Damen die Hände und merkten immer nur zu spät, dass sie nicht einer Dame die müden Finger, sondern einer Feldhaubitze ungeschminkte Mündung geküsst hatten. (BT, 300)

Nichtsdestotrotz hält er an seiner anfänglich verfassten Meinung fest:

> Es geht gar nicht um Polen, es geht um mein verbogenes Blech. (BT, 291)

Während des Angriffs auf die Polnische Post wiegt sich einer der Geldbriefträger, Viktor Weluhn, trotz aller Widrigkeiten, immer noch in Sicherheit, da Polen doch einen Garantievertrag mit Frankreich hat, während Oskar schon von vornherein weiß, dass Frankreich Polen nicht helfen wird:

> ...rang ich mich zu der später bestätigten Ansicht durch: Die Home Fleet lag, während die Polen bestürmt wurden, mehr oder weniger gut geschützt in irgendeinem Fjord des nördlichen Schottland; Frankreichs große Armee verweilte noch beim Mittagessen und glaubte mit einigen Spähtruppunternehmungen im Vorfeld der

Maginotlinie den polnisch-französischen Garantievertrag erfüllt zu haben. (BT, 305/306)

Als die Polnische Post schließlich von den Deutschen gestürmt wird, gelingt es einigen wenigen, zu flüchten, unter ihnen wohl auch Viktor Weluhn, obgleich er namentlich nicht genannt wird. Alle anderen werden von der Heimwehr erschossen. Oskar weiß sich aus dieser Situation zu retten, indem er die Seiten wechselt und sich im Nachhinein zu den Heimwehrleuten zählt und schutzsuchend und Jan anklagend zwischen zwei Heimwehrleute stellt. Überrascht muss er dann noch feststellen, dass die Heimwehrleute ihm seine Trommeln, seine alte und eine neue, die er aus dem Kinderzimmer der Dienstwohnung des Oberpostsekretärs mitgenommen hat, gar nicht wegnehmen wollen und er sie behalten darf.

Skatspiel und Kartenhaus

Das Skatspiel hat in der *Blechtrommel* gleich eine zweifache allegorische Funktion. Im privaten Bereich steht es für das Dreiecksverhältnis von Agnes, Jan und Alfred. Es ist ihre liebste Freizeitbeschäftigung, da es ihnen vor allem bei Problemen hilft, diesen zu entfliehen. Gleichzeitig zeigt das Skatspiel aber auch die kleinbürgerliche Doppelmoral auf: Über dem Tisch ist alles geordnet und es herrscht Harmonie, unter dem Tisch offenbart sich dagegen die Affäre von Jan und Agnes:

> Jan Bronski verlor. Er hatte gute Karten, verlor aber trotzdem. [...] Hatte ganz andere Dinge im Kopf [...] Hatte sich gleich zu Anfang des Spiels [...] den schwarzen Halbschuh vom linken Fuß gestreift und mit graubesocktem linken Fuß an meinem Kopf vorbei das Knie meiner Mama [...] gesucht und gefunden. [...] rückte Mama näher an den Tisch heran, so dass Jan, der gerade von Matzerath gereizt wurde und bei dreiunddreißig passte, den Saum ihres Kleides lüpfend erst mit der Fußspitze, dann mit dem ganzen gefüllten Socken [...] zwischen ihren Schenkeln wandern konnte. (BT, 83)

Das Dreiecksverhältnis, und somit auch das Skatspiel, spiegelt die politischen Verhältnisse der Vorkriegszeit wieder. Agnes muss als Kaschubin der freien Stadt Danzig zugeordnet werden: Sowohl Agens als auch Danzig stehen zwischen den Fronten. Agnes steht zwischen zwei Männern, von denen der eine Pole, der andere Deutscher ist. Danzig steht als Freie Stadt zwischen Polen und

Deutschland, die beide Staatsbürger und Vertretungen in Danzig haben. Dies sollte jedoch nicht überbewertet werden, da die eigentliche politische Bedeutung des Skatspiels erst nach Agnes' Tod deutlich hervortritt. Dann kann man sowohl beim Skatspiel als auch im gesellschaftlichen Leben eine Enterotisierung feststellen. An die Stelle der Erotik tritt die Politik:

> Unter dem Skattisch jener Jahre gab es keine Erotik mehr, geschweige denn Liebe. (BT, 273)

> ...das aber in jedem Falle eines verlorenen oder gewonnen Spieles die Entschuldigung, auch den Triumph zuließ: Polen hat einen Grand hand verloren; die Freie Stadt Danzig gewann soeben für das Großdeutsche Reich bombensicher einen Karo einfach. (BT, 274)

Das Skatspiel wird zur Allegorie für die politischen Verhältnisse und Entwicklungen zwischen Deutschland und Polen. Der Bäcker Alexander Scheffler nimmt Agnes' Platz als dritter Mann ein, er steht damit allegorisch für die Freie Stadt Danzig, während Jan nach wie vor der Vertreter Polens ist und Matzerath ist und bleibt ein Deutscher.[116] Dass diese Skatrunde nicht von Dauer sein wird, stellt der Erzähler schnell klar:

> Der Tag ließ sich voraussehen, da diese Manöverspiele ihr Ende finden würden – wie ja alle Manöver eines Tages beendet und auf erweiterter Ebene anlässlich eines sogenannten Ernstfalles in nackte Tatsachen verwandelt werden. (BT, 274)

In der Polnischen Post erhält das Skatspiel eine neue Funktion. Es hilft Jan, in eine Illusionswelt zu flüchten:

> Dergestalt geriet er in Feuer, dass er mich im Eifer Alfred und Matzerath nannte, im Kobyella meine arme Mama zum Spielgenossen zu haben glaubte. (BT, 311)

Just[117] sieht diese Funktion des Skatspiels und in dieser Illusion Jans ein „objektives Korrelat" für die Illusion der Polen, dass sie ihre Post, und damit ihr Land, doch noch verteidigen können. Eine Illusion, die sich so lange aufrechterhalten lässt, so lange das Skatspiel reibungslos verläuft. Mit Kobyellas Tod aber bricht dann auch die polnische Verteidigung zusammen und Jan

---

[116] Dieselbe These wird vertreten von Just, Georg: Darstellung und Appell. S.183.

[117] Just, Georg: Darstellung und Appell. S.184.

erkennt, *dass es auf dieser Welt keinen dritten Mann für den Skat mehr gibt (BT, 314)*.

Das Kartenhaus, welches Jan nach Realisierung von Kobyellas Tod baut, weist ihn als jemanden aus, der sich seiner Existenz sehr bewusst ist. Dies hat auch Oskar festgestellt:

> Mein mutmaßlicher Vater hatte eine solch genaue und bei all seiner weich üppigen Phantasie realistische Vorstellung vom Krieg, dass es ihm schwer fiel, ja unmöglich war, aus mangelnder Einbildungskraft mutig zu sein. (BT, 297)

Jan Bronski ist damit im militärischen Sinn ein Feigling, im bürgerlichen Sinn aber wird er zum Held, da er erkennt, dass ein Kartenhaus die einzig richtige Behausung ist in Zeiten wie diesen, in denen die eigene Existenz wie ein Kartenhaus weggeblasen werden kann. Zudem kann ihn niemand mehr daraus vertreiben, mit seinem Tod befindet er sich *im ewigen Reich der Kartenhäuser (BT, 319)*. Jans Kartenhaus steht so in starkem Kontrast zu den Betonbauten der Nationalsozialisten; zusätzlich lehrt es Oskar, *Kartenhäuser als einzig menschenwürdige Behausung (BT, 319)* zu sehen. Darum ist auch die Deutung von Rothenberg, das Kartenhaus sei ein Heim für Illusionen, nicht zutreffend. Wichtig erscheint darüber hinaus, dass das Fundament von Jans Kartenhaus unter anderem aus der Pique Sieben besteht. Diese Karte ist Jans Unglückskarte, genauso wie die Herz Dame, die er auf der Spitze seines Kartenhauses platziert und mit der er noch bei seiner Verhaftung Oskar zuwinkt, ein Emblem dafür ist, dass für Jan nur die Liebe wichtig ist.

Die Ameisenstraße

Dieses Kapitel beinhaltet mehrere allegorische Bezüge. Da ist zum einen die Stäuberbande, welche allegorisch für den Widerstand gegen Hitler steht.[118] Dies kann man daran erkennen, dass in den Kapiteln *Die Stäuber* und *Das Krippenspiel* mit der Stäuberbande vorgeführt wird, wie Führerschaft entsteht: Oskar offenbart seinen Größenwahn, indem er sich für Jesus ausgibt. Diese ‚Frechheit' wird von den Mitgliedern der Stäuberbande dadurch belohnt, dass sie Oskar zu ihrem Führer machen. Dieser kann nun mit Hilfe seiner Stimme, der *Wunderwaffe (BT, 487)*, seine Macht über die Stäuber festigen. Die Stäuberbande sagt zwar von sich selbst:

---

[118] Dies wird auch von Just, Georg: Darstellung und Appell. S.182 so gesehen.

> Wir haben überhaupt nichts mit Parteien zu tun, wir kämpfen gegen
> unsere Eltern; ganz gleich wofür oder wogegen die sind. (BT, 491)

Aber wie schon Oskars eigener Protest gegen die Erwachsenen gezeigt hat, kann auch diese Äußerung dahingehend gedeutet werden, dass die Stäuber gegen die Ideologie kämpfen, die ihre Eltern und generell die Erwachsenen vertreten. Und da diese Ideologie die der Nationalsozialisten ist, kann man in der Stäuberbande durchaus eine Widerstandsgruppe sehen, auch wenn sie nicht politisch interessiert ist, sondern vielmehr die mystische Welt durch ihr ‚Engagement' in der Kirche vertritt. Auch dass die Stäuber zu Beginn des Kapitels *Die Ameisenstraße* hingerichtet werden, spricht für diese Deutung, da die Nazis streng darauf achteten, alles ihrer Ideologie feindlich Gesinnte zu vernichten.

Ein weiterer allegorischer Bezug findet sich im Tod des Reichsdeutschen Alfred Matzerath, der im Kleinen den Untergang des Dritten Reiches zeigt. Die Familie hat sich zu Beginn der Angriffe auf Danzig in den Keller geflüchtet. Als die Rote Armee Danzig erobert hat, dringen Soldaten in den Keller ein. Matzerath versucht noch kurz davor, sein Parteiabzeichen loszuwerden, da es ihn eindeutig als Nationalsozialisten identifizieren würde. Er wirft es auf den Betonfußboden des Kellers. Oskar und Kurtchen kämpfen kurz darum, aber da Oskar weiß, dass mit den Russen nicht zu spaßen ist, nimmt er das Abzeichen an sich. Während die Soldaten sich im Keller umsehen, beobachtet Oskar die Ameisen, die sich *durch den Auftritt der russischen Armee nicht beeinflussen [lassen]. Die hatten nur Kartoffeln und Zucker im Sinn (BT, 515)*. Abermals tritt Oskars sarkastischer Blick auf das Geschehen, verbunden mit einer gewissen Ironie hervor, wenn er von der Vergewaltigung der Frauen berichtet:

> Die Greffsche, die solch zügigen Andrang nach so langer
> Witwenschaft und vorhergehender Fastenzeit kaum erwartet hatte,
> schrie anfangs noch vor Überraschung, fand sich dann aber schnell in
> jene ihr fast in Vergessenheit geratene Lage. BT, 516)

> Maria lernte die ersten Worte Russisch, zitterte nicht mehr mit den
> Knien, lachte sogar und hätte auf ihrer Mundharmonika spielen
> können, wäre die Maultrommel greifbar gewesen. (BT, 517)

Währenddessen versucht Oskar weiterhin, *die Ameisen zu beobachten und an ihrem Fleiß das Zeitgeschehen zu messen (BT, 516)*. Er wird zeitweise daran gehindert, da ihn einer der Soldaten auf den Arm nimmt und ihn , als er an der Reihe ist, sich den Frauen zuzuwenden, an einen Kollegen weiterreicht. Dies gibt Oskar die Gelegenheit, das Parteiabzeichen, welches er immer noch in der

Hand hat, Matzerath zu geben. Der weiß nichts anderes damit anzufangen, als es zu schlucken. Seine Handbewegung zum Mund fällt den Soldaten auf, und als er dann auch noch zu würgen beginnt und seine Hände an seinem Hals hat, erschießen sie ihn. Es ist Oskar äußerst wichtig, klarzustellen, dass Matzerath nicht erstickt, sondern erschossen wird:

> Während mein mutmaßlicher Vater die Partei verschluckte und starb... (BT, 518)

Matzerath fällt quer über die Ameisenstraße, und Oskar beobachtet genau, wie die Ameisen auf dieses Hindernis reagieren:

> Die Ameisen fanden eine veränderte Situation vor, scheuten aber den Umweg nicht, bauten ihre Heerstraße um den gekrümmten Matzerath herum; denn jener aus dem geplatzten Sack rieselnde Zucker hatte während der Besetzung der Stadt Danzig durch die Armee Marschall Rokossowskis nichts an Süße verloren. (BT, 519)

Die Ameisen sind eine Allegorie auf die Verhaltensweise des Kleinbürgertums. Die Kleinbürger, wie die Ameisen, sind nur an der Befriedigung ihrer Bedürfnisse interessiert. Hindernisse werden gekonnt umgangen, oder besser gesagt, ignoriert. Dadurch charakterisiert sich das Kleinbürgertum als eines, das so tut, „als ob die Zeitgeschichte und Politik mit ihm nichts zu tun hätte"[119]. Unter diesem Licht erschien ein Satz, der später im Roman von Oskar gesagt wird, äußerst bedeutungsvoll:

> Ameisen machen Geschichte. (BT, 553)

Das Kleinbürgertum macht demnach Geschichte genauso wie die Großen der Politik, wie die Staatsmänner und Kanzler. Es ist also nicht ‚Schicksal' oder ‚Unglück', das die Geschicke jedes Einzelnen bestimmt, es sind auch nicht namenlose ‚die', welche für alles verantwortlich sind. Im Gegenteil, jeder Einzelne ist es, jeder bewirkt etwas, wenn auch auf seine Weise.

---

[119] Kim, Nury: Allegorie oder Authentizität. S.81.

Die Nachkriegszeit

Das dritte Buch der Blechtrommel, welches in der Nachkriegszeit spielt, stellt vor allem die „Beziehung der restaurativen Gesellschaft der 50-er zu ihrer Vergangenheit"[120] zur Diskussion.

Erinnerungshilfen

Das Fotoalbum

> „Nimm mal das Requisit jeder kleinbürgerlichen Familie: das auch '45 bei der Flucht in den meisten Fällen gerettete Fotoalbum. Das spielt auch in der Blechtrommel eine gewisse Rolle, nämlich als Anlasser für diesen Motor der Phantasie. Du hast eine Familienszene, flächig abgebildet mit der Familienkodak." (X, S.260)

Das Fotoalbum in der *Blechtrommel* erzählt die private Geschichte der Familie Bronski-Matzerath, es dokumentiert die Herkunft und hält die wichtigsten Stationen des Lebens fest. Es ist wichtig für die Erinnerung und Identitätssicherheit, es ermöglicht, die Familiengeschichte stets präsent zu haben, da es aufgeschlagen und umgeblättert werden kann. Oskar rettet das Familienalbum über die Kriegsjahre und nimmt es auch auf die Reise nach West-Deutschland mit. Bei der Erzählung seiner Lebensgeschichte hilft es ihm, Diachronie und Chronologie zu bewahren, und bei seinem schmerzvollen Wachstum im Güterwagen hilft es ihm, sich von den Schmerzen zeitweilig abzulenken. Das Fotoalbum wird zum ersten Mal im Kapitel *Das Fotoalbum* erwähnt, wo Oskar es dazu verwendet, die einzelnen Familienmitglieder genauer ins Auge zu fassen und zu beschreiben. In diesem Kapitel werden die wichtigsten Themen des ersten Buches, die dann zum Teil auch für die anderen zwei Bücher noch von Bedeutung sind, vorgestellt: Der Großvater, Jan Bronski, Oskars Mutter Agnes, die Hochzeit von Agnes und Alfred Matzerath, das Dreiecksverhältnis Jan-Agnes-Alfred, das Skatspiel und die Nachbarschaft. Am Ende des Kapitels kommt Oskar dann auf sich selbst zu sprechen. Doch das Fotoalbum zeigt nicht nur die private Geschichte, es zeigt auch, dass die Weltgeschichte parallel zur privaten abläuft:

> Jener bei aller Tragik noch stolze Blick schien in den Zeiten des zweiten Kaiserreiches beliebt und geläufig gewesen zu sein, zeigt ihn

---

[120] Brode, Hanspeter: Günter Grass. S.81.

> doch gleichfalls Gregor Koljaiczek, der trunkene, auf den Fotos eher nüchtern wirkende Pulvermüller. (BT, 61)
>
> Gleich dreiundzwanzig Krankenschwestern, darunter Mama als Hilfskrankenschwester im Lazarett Silberhammer, habe ich verschüchtert, um einen Halt bietenden Stabsarzt drängend, auf festem Karton von doppelter Postkartengröße. (BT, 62)
>
> Nach dem Krieg zeigte man ein anderes Gesicht. Die Männer schauen leicht abgemustert drein, und nun sind es die Frauen, die es verstehen, sich ins Bildformat zu stellen, die den Grund haben, ernst dreinzublicken, die, selbst wenn sie lächeln, die Untermalung gelernten Schmerzes nicht leugnen wollen (BT, 62)

Aber das Fotoalbum hat auch eine schützende Funktion. Im Kapitel *Wachstum im Güterwagen* bewahrt es Oskar, Maria und Kurtchen davor, von den Partisanen ausgeraubt zu werden. Genauer gesagt ist es ein Foto von Oskars Großmutter, das in dem Partisanen wohl heimatliche Gefühle an die eigene Familie aufkommen lässt, und welches Oskar dem Partisanen unter die Nase hält:

> Zuerst wollte der Bandenführer zornig werden. Als aber mein Patient das Album aufschlug und dem Burschen ein Foto seiner Großmutter Koljaiczek zeigte, ließ er, wohl an seine eigene Großmutter denkend, den Rucksack der Frau Maria fallen. BT, 555)

Doch das Fotoalbum ist nicht Oskars einzige Erinnerungshilfe. Seine Blechtrommel ist die wohl wichtigste Erinnerungshilfe, die er besitzt, und auch das Fotoalbum kann ohne sie nicht hundertprozentig funktionieren, da die beiden nicht voneinander zu trennen sind, sie unterstützen und ergänzen sich gegenseitig. Dies wird bereits im Kapitel Das Fotoalbum erwähnt; Oskar muss zur Trommel greifen, um die Erinnerung an ein Foto zu wecken:

> Ich muss zur Trommel greifen und mit meinen Stöcken vor dem matten, bräunlichen Viereck versuchen, das auf dem Karton erkennbare Dreigestirn auf gelacktem Blech zu beschwören. (BT, 63/64)

Die Blechtrommel

> „Bei banaler Gelegenheit, nachmittags, sah ich zwischen Kaffee trinkenden Erwachsenen einen dreijährigen Jungen, dem eine Blechtrommel anhing. Mir fiel auf und blieb bewusst: die selbstvergessene Verlorenheit des Dreijährigen an sein Instrument, auch wie er gleichzeitig die Erwachsenenwelt [...] ignorierte." (IX, S.627)

Die Blechtrommel hat zwei grundsätzlich verschiedene Funktionen, die sich auf die beiden Handlungsstränge des Romans verteilen. Im Bereich der Binnenhandlung, also der von Oskar erzählten Geschichte seines Lebens, fungiert sie in Buch 1 und 2 als Hilfsmittel, um Oskars vorgetäuschte Dreijährigkeit aufrecht zu erhalten. Sie ist auch ein wesentlicher Teil seiner Distanzierung von der Erwachsenenwelt, da er sie immer bei sich hat, sei es im Kindergarten, in der Schule, in der Kirche, oder bei Familienzusammenkünften. Oskar legt die Trommel nur ab, wenn er von sich aus etwas lernen möchte, zum Beispiel bei Gretchen Schefflers Unterricht. Doch dann bewahrt ihn seine kindliche Größe und seine Weigerung, zu sprechen, davor, von den Erwachsenen ‚enttarnt' zu werden.

In der Rahmenhandlung, welche den erzählenden Oskar in der Heil- und Pflegeanstalt zur Hauptperson hat, und im dritten Buch des Romans verändert sich die Funktion der Blechtrommel. Dann ist sie Erinnerungshilfe, die schon vergessen geglaubte Bilder wieder hochkommen lässt und auch die kleinsten Details nicht ausspart. Diese Funktion erhält die Trommel aber erst, nachdem Oskar sie lange Zeit nicht mehr benutzt hat. An Matzeraths Grab hat er sich entschlossen, zu wachsen und damit auch auf die Trommel zu verzichten, um ein ‚normales', bürgerlichen Leben zu führen. Dies schlägt jedoch fehl, Maria lehnt seinen Heiratsantrag ab und Oskar wendet sich der Kunst zu, wird gemalt, erhält als Modell eine Trommel, um den Leerraum zwischen seinen Händen auszufüllen, nimmt sie mit nach Hause, nimmt sie mit auch, als er sich als Untermieter bei Herrn Zeidler einquartiert, und benutzt sie schließlich, als er die Bekanntschaft von Klepp macht. Oskar lernt *die Kunst des Zurücktrommelns (BT, 623)* und bringt so Klepp dazu, sein Bett zu verlassen und aufzustehen:

> ...nicht nur Oskars Trommel war auferstanden, auch Klepp war ein Auferstandener. (BT, 668)

Da die Rahmenhandlung aber bereits auf der ersten Seite des Buches einsetzt und durch den gesamten Roman die Binnenhandlung immer wieder durchdringt, erfährt der Leser schon viel früher von dieser besonderen Funktion und Fähigkeit der Trommel:

> Hätte ich nicht meine Trommel, der bei geschicktem und geduldigem Gebrauch alles einfällt, was an Nebensächlichkeiten nötig ist, um die Hauptsache aufs Papier bringen zu können, ... (BT, 23)

Mit Hilfe seiner Trommel kann Oskar sich an alles erinnern, an das er sich erinnern möchte, jedoch ist es immer die Trommel, welche die Reihe der Erinnerungen und ihren Gehalt bestimmt:

> ...so genau vermag ich mich mittels meiner Trommel zu erinnern... (BT, 238)

> ...erinnere ich mich allenfalls über den Umweg, den meine Trommel vorschreibt. (BT, 229)

Es ist die Trommel, welche die Erinnerung lebendig werden lässt. Oskars eigenes Erinnerungsvermögen „ist dem der Trommel nicht nur unterlegen, es ist ebenso defekt wie das der Mitbürger"[121]. Ohne seine Trommel kann er sich nur ungenau oder gar nicht erinnern. Die Trommel aber ist es, die ihn von allen anderen abhebt, die ihm einen Erinnerungsvorteil verschafft. Nur mit Hilfe von ihr kann er das mangelnde Erinnerungsvermögen seiner Mitmenschen anprangern, nur mit Hilfe von ihr ist er überlegen und im Vorteil. „Für die Zeitgenossen aber [ist dies] eine unausgesprochene Entlastung, da sie auf ein ähnliches erinnerungsbewahrendes Instrument verzichten müssen."[122]

Das Umgehen mit der Vergangenheit

Die unzensierte Erinnerung

Oskars Erinnerungen gestalten sich äußerst vielschichtig. Natürlich muss der Leser davon ausgehen, dass Oskar, trotz der Dominanz seiner Trommel, viele Dinge beschönigt, verdreht oder sogar ganz auslässt, denn schließlich stellt er sich gleich zu Anfang als *Insasse einer Heil- und Pflegeanstalt (BT, 9)* vor. Auch gibt er unmissverständlich zu, dass seine Erzählungen Lügengeschichten sind:

---

[121] Arker, Dieter: Nichts ist vorbei, alles kommt wieder. S.136.
[122] Ebd, S.146.

> Der Gute scheint meine Erzählungen zu schätzen, denn sobald ich
> ihm etwas vorgelogen habe, ... (BT, 9)

Aber die Unzuverlässigkeit von Oskar ist hier nicht das Thema, auch wenn man sie nicht gänzlich außer Acht lassen kann. Interessant ist jedoch zu beobachten, dass Oskar ein einziges Mal in der *Blechtrommel* auf jegliche Wertung verzichtet. Dies geschieht, als er dem Leser von Begegnungen berichtet, die er im Krankenhaus von Gdańsk hatte.

Da ist zum einen die Begegnung mit einer Ärztin, die gereizt und erschöpft ist und ihm von Kleinkindern erzählt, die es nicht über die Grenze geschafft haben:

> Müssen entschuldigen. Habe letzte drei Wochen kein Auge zugemacht. War in Käsemark an der Fähre mit ostpreußischem Kindertransport. Kamen aber nicht rüber. Nur die Truppen. So an die viertausend. Alle hops gegangen. (BT, 540)

Und da ist zum anderen der Jude Fajngold, der ihm von den Verbrechen in den Konzentrationslagern erzählt, von seiner eigenen Aufgabe in denselben und vom Schicksal seiner Familie. Und Oskar gibt es wieder, ohne Wertung, ohne Ironie, und ohne sich davon zu distanzieren[123]:

> Er rieb uns ein, bespritzte und puderte uns. Und während er spritzte, puderte und einrieb, blühte mein Fieber, floß seine Rede, erfuhr ich von Güterwagen voller Karbol, Chlor und Lysol, die er gespritzt, gestreut und gesprenkelt hatte, als er noch Desinfektor im Lager Treblinka gewesen war und jeden Mittag um zwei die Lagerstraßen, Baracken, die Duschräume, Verbrennungsöfen, die gebündelten Kleider, die Wartenden, die noch nicht geduscht hatten, die Liegenden, die schon geduscht hatten, alles was aus den Öfen herauskam, alles was in die Öfen hineinwollte, als Desinfektor Mariusz Fajngold tagtäglich mit Lysolwasser besprenkelt hatte. Und er zählte mir die Namen auf, denn er kannte alle Namen. (BT, 543)

Im weiteren Verlauf zählt Oskar die von Fajngold erfahrenen Namen auf, was auf eine genaue Erinnerung schließen lässt, die nichts verdrängt. Allerdings muss dazu gesagt werden, dass Fajngold durch die Erlebnisse im Lager verrückt geworden ist, und es auch nicht wahrhaben möchte, dass seine Frau und seine

---

[123] Dieser Ansatz findet sich auch bei Arker, Dieter: Nichts ist vorbei, alles kommt wieder. S.132f.

Familie tot sind. So kann man von einer unzensierten Erinnerung nur bei Oskar sprechen, und auch hier nur für die Berichte von Fajngold und der Ärztin.

Verdrängen und gleichgebliebenes Verhalten

> „Doch kaum war unser Reich, das wir das Dritte nannten, zur Kapitulation gezwungen worden, suchten wir allesamt, soweit wir unsere eigene Hybris überlebt hatten, die zwar halbzerstörten, doch reparierbaren Idyllen wieder auf." (IX, S.201)

Verdrängen der Erinnerung und ein Verhalten, das dem vor oder während dem Krieg in nichts nachstand, kennzeichnete die Nachkriegsgesellschaft. Alexander und Margarete Mitscherlich prägten in den sechziger Jahren mit ihrer Untersuchung *Die Unfähigkeit zu trauern* den Begriff „Trauerarbeit", der im später noch wichtig werden wird. Aber sie prägten auch den Begriff „kollektive Verleugnung der Vergangenheit" und sprachen von einem „wohlorganisierten inneren Widerstand gegen die Durcharbeitung eines Stückes unserer Geschichte [...], deren Schuldmoment unerträglich war und ist".[124] Dieses kollektive Verleugnen der Vergangenheit soll in den nächsten Kapiteln anhand von Figuren der *Blechtrommel* dargestellt werden, die gleichsam als Allegorie dafür dienen.

Lankes und Herzog

Um das Verhalten dieser beiden allegorischen Figuren in der Nachkriegszeit zu diskutieren, muss etwas weiter zurückgegriffen. Oskar lernt Lankes und Herzog im Kapitel *Beton besichtigen – oder mystisch barbarisch gelangweilt* kennen, als er sich Bebras Propagandatruppe, dem Fronttheater, anschließt und sie an der französischen Atlantikküste eine Aufführung haben. In diesem Kapitel ereignen sich gleich mehrere denkwürdige Ereignisse, von denen eines, Kittys Gedicht, im späteren Kapitel genauer behandelt werden wird. Andere sind die Diskussion über die Langlebigkeit von Beton und die Erschießung der Nonnen. Lankes ist zu Kriegszeiten ein Obergefreiter der Wehrmacht, zu Friedenszeiten Künstler, genauer gesagt, Maler. Die Forschung ist sich recht einig darin, dass Lankes die Bennsche Kunstauffassung parodiert, was sich in seiner extrem ästhetizistischen Handlungsweise zeigt, seinen Sprachwendungen, die typisch für Benn sind, sowie in der Tatsache, dass Lankes als Maler im Dritten Reich verboten ist, aber mit dem Wohlwollen, beziehungsweise Wegsehen seines Vorgesetzten (*...auf*

---

[124] Mitscherlich, Alexander und Margarete: Die Unfähigkeit zu trauern. München, 1967, S.10, 40.

allerhöchsten Befehl geduldet. BT, 438) weiterhin künstlerisch aktiv ist.[125] Die Künstlerproblematik soll hier jedoch nicht weiter vertieft werden, gesagt sei hier nur noch, dass Lankes seine Kunst versteckt ausübt, indem er Muschelmosaike und Betonornamente an den Bunkerausgängen anbringt und *strukturelle Formationen (BT, 440)*, beziehungsweise *Schrägformationen (BT, 441)* gestaltet. Er gibt seinen Werken den Titel *MYSTISCH, BARBRISCH, GELANGWEILT (BT, 442)*, der für Bebra die Formel und den Namen des Jahrhunderts ausmacht: Mystisch ist die Erfahrung des Lebens mit der Neo-Mystik, barbarisch ist der Zweite Weltkrieg, und gelangweilt trifft auf die Stimmung des Kleinbürgertums zu. Die Diskussion über Beton ist ein Seitenhieb auf die Betonbauten der Nationalsozialisten, die für das tausendjährige Reich gebaut und damit als *unsterblich (BT, 449)* angesehen wurden. Die Erschießung der Nonnen, welche auf Befehl des Oberleutnants Herzog geschieht, zeigt deutlich die Gehorsamsstruktur des Militärs. Obwohl Lankes weiß, dass die Menschen, die am Strand zu sehen sind, Nonnen sind, die nur Krabben sammeln, führt er den Befehl aus. Obwohl alle Mitglieder des Fronttheaters geschockt darüber sind, gehen sie doch gleich wieder zur Tagesordnung über und sprechen nicht weiter über den Vorfall. Im Gegenteil, es wird sogar noch das Lied *The Great Pretender (BT, 449)* auf dem Grammophon gespielt. Oskar verweist am Ende des Kapitels darauf, dass

> wir jenem Obergefreiten und Betonkunstmaler Lankes wiederbegegnen [werden], wenn auf einem anderen Blatt die Nachkriegszeit, unser heute in Blüte stehendes Biedermeier, gewürdigt wird. (BT, 450)

In der Nachkriegszeit trifft Oskar Lankes zufällig auf einer Karnevalsparty wieder und nimmt ihn mit auf seine Reise an den Atlantikwall. Lankes hat sich nicht verändert, er ist noch immer der rohe Typ, der er bereits im Krieg war. Noch immer schnorrt er sich seine Zigaretten zusammen *(Gib mich mal'n Zigarett'. BT, 713)*, und seine anhaltende Gewaltbereitschaft zeigt sich an den Ohrfeigen, die er der Muse Ulla gibt, *weil die nicht zu Hause bleiben wollte (BT, 712)*, sowie an der Vergewaltigung einer Nonne. Natürlich könnte man letzteres einen ‚geistigen Fortschritt' nennen, denn er erschießt sie ja nicht mehr. Da sich

---

[125] Vgl. Jendrowiak, Silke: Günter Grass und die ‚Hybris' des Kleinbürgers. S.161, 249f. Sie zählt zusätzlich noch Bebras Fronttheater zu der Benn-Parodie.
Vgl. Kim, Nury: Allegorie oder Authentizität. S.76/77.

die Nonne anschließend jedoch umbringt, tötet er sie doch, wenn auch nicht durch eine Kugel. Sie gibt ihm auch den Anstoß zu einer neuen Bilderserie:

> Flutende Nonnen. Nonnen bei Flut. Ertrinkende Nonnen. Querformat: Nonnen auf der Höhe von Trafalgar. Hochformat: Nonnen besiegen Lord Nelson. Nonnen bei Gegenwind. Nonnen bei Segelwind. Nonnen gegen den Wind kreuzend. Schwarz, viel Schwarz, kaputtes Weiß und Blau auf Eis gelegt: Die Invasion, oder: Mystisch, barbarisch, gelangweilt – sein alter Betontitel aus Kriegszeiten. (BT, 727)

Man muss Lankes jegliche moralische Reflexion angesichts solcher Bilderserien absprechen, denn er verwandelt sie *in das pure, klingende Gold der Nachkriegszeit (BT, 727)*. Er beschäftigt sich nur mit Vergangenem, wenn er eine Möglichkeit der materiellen Bereicherung sieht, hat also nur materiell-finanzielle Interessen. Seine Kunst ist demnach keine Vergangenheitsbewältigung, sondern eine „zynische Vergangenheitsverwertung"[126]. Auch seine Einteilung der Welt in *aktuell und passé (BT, 718)* spricht dafür. Dadurch, dass die Vergangenheit für Lankes *passé* ist, hat er nicht die Chance, etwas aus ihr zu lernen. Ohne Verarbeitung, ohne Reflexion, ohne Trauerarbeit wird sie ad acta gelegt; wichtig ist nur, was *aktuell* ist.

Aber Oskar und Lankes sind nicht die einzigen, die es nochmals an den Atlantikwall getrieben hat. Auch der ehemalige Oberleutnant Herzog findet sich dort ein. Im Gegensatz zu Lankes sieht er die Kriegsereignisse nicht als passé an, er fordert die Verantwortung jedes Einzelnen *vor der Geschichte (BT, 718)*. Leider meint er damit nicht die moralische Verantwortung. Dies wird deutlich, wenn er die Bunker inspiziert, um mögliche bautechnische Fehler auszumachen, die für die erfolgreiche Invasion der Alliierten verantwortlich sein könnten. Lankes sieht die Niederlage von damals in einem anderen Licht:

> Wenn wir hier damals nich so besoffen gewesen wären, als es losging, wer weiß, was aus den Kanadiern geworden wäre. (BT, 719)

Für ihn war es demnach menschliches Versagen. Herzog möchte sich damit nicht zufrieden geben, seiner Meinung nach muss man aus den Fehlern der Vergangenheit lernen, um besser auf die Zukunft vorbereitet zu sein, jedoch nur

---

[126] Jendrowiak, Silke: Günter Grass und die ‚Hybris' des Kleinbürgers. S.193.

im rein militärischen Sinn. Moralische, bürgerliche oder politische Verantwortung wird von ihm mit keinem Wort erwähnt.[127]

Sowohl Lankes als auch Herzog haben ihr Verhalten nicht geändert. Lankes ist noch immer der egoistische, gewissenlose, auf materiellen Vorteil bedachte Künstler, Herzog der Oberleutnant, dessen Lebenssinn darin besteht, einen Krieg zu gewinnen, der längst vorbei ist. Eine Auseinandersetzung mit der Vergangenheit lehnen beide ab, der eine aus Bequemlichkeit, der andere aufgrund einer eingeengten Sichtweise.

Maria und Kurt

Maria und Kurt zeigen im dritten Buch der *Blechtrommel*, wie man gut und bequem in der Nachkriegszeit (über-)leben kann. Kurt betreibt einen quasi-professionellen Schwarzhandel mit Feuersteinen, Maria verkauft Kunsthonig. Da Kurt zur Zeit des Krieges noch ein Kind war, kann man ihn bei der Diskussion des Themas ‚Vergangenheitsbewältigung' ausklammern. Dies gilt jedoch nicht für Maria. Sie findet sich recht schnell in das bürgerliche Leben wieder ein, wird nach der Währungsreform zunächst Verkäuferin in einem Feinkostgeschäft, dann Kassiererin, und schließlich die Geliebte ihres Arbeitgebers Stanzel. Dieses Verhältnis, das für Maria durchaus zukunftsträchtig hätte sein können, gibt sie auf, als Oskar sie vor die Wahl stellt, die Affäre mit Stanzel weiterzuführen oder von ihm, Oskar, ein eigenes Feinkostgeschäft zu bekommen. Für Maria zählt in der Nachkriegszeit nur der Versorgungsaspekt und die Gewissheit, in die Gesellschaft eingegliedert zu sein. Mit ihrer Vergangenheit beschäftigt sie sich nicht. Dies wird besonders deutlich im Kapitel *Sondermeldungen*. Oskar versucht hier, Marias Erinnerungen an die gemeinsamen Erlebnisse mit Brausepulver zu wecken. Aber Maria stellt sich stur, sie kann oder will sich nicht erinnern. Auch nachdem Oskar ihr Brausepulver in die Hand gegeben hat, kommt ihre Erinnerung nicht wieder. Im Gegenteil, sie wäscht sich sogar ihre Hände mit Seife. Arker deutet dieses Händewaschen im biblischen Sinne als Leugnung der Verantwortung.[128] Damit ist dann aber nicht die Verantwortung für die erotischen Abenteuer mit Oskar gemeint, sondern die Verantwortung dafür, dass Matzerath letztendlich doch den Brief unterschrieb, der Oskar dem Gesundheitsministerium anvertraute. Denn

---

[127] Dieser Ansatz findet sich auch bei Arker, Dieter: Nichts ist vorbei, alles kommt wieder. S.129f.

[128] Arker, Dieter: Nichts ist vorbei, alles kommt wieder. S.124.

Maria war es, die Oskar immer damit gedroht hatte, ihn in die Klappsmühle zu stecken:

> Maria [...] nannte mich eine verfluchte Drecksau, einen Giftzwerg, einen übergeschnappten Gnom, den man in die Klappsmühle stecken müsse. (BT, 378)

Mit Marias Äußerungen wird ein weiteres Kapitel des Dritten Reiches in die Binnenhandlung der *Blechtrommel* eingeführt: das Euthanasieprogramm. Matzerath erhält schon recht früh Briefe vom Gesundheitsministerium, die ihn dazu auffordern, Oskar den Behörden zu übergeben. Aber Matzerath weigert sich, beachtet die Briefe einfach nicht. Oskars Anschluss an das Fronttheater kann unter diesem Aspekt gesehen werden: Flucht vor den Behörden. Aber als er zurückkommt, hat sich das Problem noch verstärkt, Matzerath bekommt nun sogar Besuch von einem Beamten des Gesundheitsministeriums. Doch er bleibt standhaft:

> Das kommt gar nicht in Frage, das habe ich meiner Frau am Totenbett versprechen müssen, ich bin der Vater und nicht die Gesundheitspolizei. (BT, 455)

Maria, inzwischen eine angepasste Mitläuferin der Nazis, sieht das anders. Sie schließt sich ohne Zögern der offiziellen Meinung an:

> Nu beruhje dir doch, Alfred. Du tust grad so, als würd mir das nuscht ausmachen. Aber wenn se sagen, das macht man heut so, denn weiß ich nich, was nu richtig is. BT, 474)

Wenn es nach ihr ginge, würde Oskar sofort den Behörden überstellt werden. Noch Jahre später erinnert sich Oskar an Marias Bereitschaft, ihn auszuliefern:

> Wenn Oskar auch, dank Matzerath, nicht in die Hände jener Ärzte geriet, sah er fortan und sieht sogar heute noch, sobald ihm Maria unter die Augen kommt, eine wunderschöne, in bester Gebirgsluft liegende Klinik, in dieser Klinik einen lichten, modern freundlichen Operationssaal, sieht, wie vor dessen gepolsterter Tür die schüchterne doch vertrauensvoll lächelnde Maria mich erstklassigen Ärzten übergibt, die gleichfalls und Vertrauen erweckend lächeln, während sie hinter ihren weißen, keimfreien Schürzen erstklassige, Vertrauen erweckende, sofort wirksame Spritzen halten. (BT, 475)

Maria scheint dies alles vergessen oder verdrängt zu haben. Sie gibt vor, ein reines Gewissen zu haben, und auch Oskars Anrufe *Maria, erinnere dich! (BT, 371)* können sie davon nicht abbringen:

> Da stand sie in der Tür, weinte, schüttelte den Kopf, ließ mich mit dem knarrenden, pfeifenden Kofferradio alleine, indem sie die Tür so vorsichtig schloss, als verließe sie einen Sterbenden. (BT, 371)

Sie schließt die Tür zu ihrer Erinnerung, zu ihrem Gewissen, und auch zu einer möglichen Bewältigung ihrer Vergangenheit.

Viktor und die Grünhüte

Viktor Weluhn und seine Verfolger, die Grünhüte, sind allegorisch zu begreifen. Mit ihnen übt Oskar vehement Kritik an der Nachkriegsgesellschaft, die auch solche Menschentypen nicht verändern konnte, und an ihnen zeigt er, dass man sich der Vergangenheit nicht entziehen kann.

Viktor Weluhn ist der kurzsichtige Geldbriefträger, der als einer von wenigen aus der Polnischen Post entkommen konnte. Aber der Erzähler Oskar weist schon im Kapitel *Das Kartenhaus* darauf hin, dass Viktor auch in der Nachkriegszeit noch verfolgt wird:

> Viktor Weluhn [...] soll sich [...] auf jene Flucht gemacht haben, die bis zum heutigen Tage anhält; so zäh sind seine Verfolger. (BT, 316)

Oskar trifft Viktor am Ende des Romans wieder, als er zusammen mit Vittlar eine Straßenbahn stielt. Viktor wird immer noch von zwei Sicherheitsbeamten, die mittlerweile grüne Hüte tragen, verfolgt, und die den Erschießungsbefehl aus dem Jahre neununddreißig stets bei sich führen. An den Grünhüten zeigt sich vor allen Dingen, dass die Umerziehungs- und Entnazifizierungsversuche der Siegermächte erfolglos waren. Die beiden haben ihre alten Verhaltensweisen beibehalten: Befehlsgehorsam bis zum bitteren Ende. Da macht es auch keinen Unterschied, dass der eine Verfolger ein Ostflüchtling und der andere ein Westdeutscher ist. Gehorsam geht den beiden über alles, von wem sie ihre Befehle erhalten und wem sie gehorchen müssen, ist dabei gleichgültig:

> Aber der eine Grünhut wischte alle unsere Einwürfe mit der Bemerkung weg, wir hätten uns da nicht reinzumischen, es gebe keinen Friedensvertrag, er wähle genau wie wir Adenauer, doch was den Befehl angehe, der habe noch seine Gültigkeit, sie seien mit dem

> Papier zu höchsten Stellen gegangen, hätten sich beraten lassen. (BT, 759)

Beide Grünhüte sind davon überzeugt, dass sie erst *Schluss mit der Vergangenheit (BT, 757)* machen können, wenn sie den Befehl ausgeführt haben, erst dann beginnt für sie ein neues Leben. Bis dahin sind sie aber an die Vergangenheit gebunden. Oskar lässt die Grünhüte und Viktor in die Straßenbahn einsteigen und rettet somit den letzten Überlebenden des Angriffs auf die Polnische Post. Die Exekution findet nicht statt, jedoch bleibt die Andeutung in der Luft hängen, „dass sich das Verfolgungsprinzip der Hitlerzeit in die Nachkriegsgesellschaft hinübergerettet habe und dort unterschwellig weiterwirke"[129].

Die Zeit des Wirtschaftswunders

> „Schwerfällig und nicht ohne Herzbeschwerden umtanzen wir jenes Goldene Kalb, Wirtschaftswunder genannt." (IX, S.140)

Grass beschreibt hier die Zeit des Wirtschaftswunders als Tanz um das Goldene Kalb und meint damit, dass das ökonomische und materielle Denken politisches Bewusstsein ersetzt hat. Diese Überzeugung des Autors lässt sich in der *Blechtrommel* ganz klar wieder finden. Auch Oskar ist davon überzeugt, dass Geld das einzige ist, was in der Nachkriegszeit zählt. Vergangenheitsbewältigung wird nicht betrieben, die Menschen sind die gleichen geblieben, nichts hat sich geändert:

> Die Unwissenheit, die damals in Mode kam, steht noch heute manchem als flottes Hütchen zu Gesicht (BT, 329).

Die neobiedermeierliche Gesellschaft

> „Was in Berlin, Leipzig, Nürnberg, Frankfurt und Düsseldorf geschah, geschah auch, wenngleich verzögert durch den freistädtischen Status, in Danzig. Und alles am hellen Tag. Der unübersehbare, auf Plakaten, in Schlagzeilen proklamierte Hass. Das feige Schweigen der christlichen Kirchen. Die sich anpassenden Bürger. Die anfangs wissende Selbstentmündigung eines Volkes, das sich später, als das Ausmaß des Verbrechens bekannt wurde, als unwissend und doch verantwortlich begreifen musste." (IX, 757)

---

[129] Reddick, John: Vergangenheit und Gegenwart in Günter Grass' Blechtrommel. S.388.

Die Reaktion der Nachkriegsgesellschaft auf das Bekanntwerden der eigenen Verbrechen wurde bereits erwähnt: man verdrängte alle unangenehmen Gedanken. Das dritte Buch der *Blechtrommel* zeigt dies sehr deutlich. Hier wird dem Leser eine Grundhaltung dieser Gesellschaft vorgeführt:

> Heute, da ich das hinter mir habe und weiß, dass ein Nachkriegsrausch eben doch nur ein Rausch ist und einen Kater mit sich führt, der unaufhörlich miauend heute schon alles zur Historie erklärt, was uns gestern noch frisch und blutig als Tat oder Untat von der Hand ging. (BT, 571)

Was die Nachkriegsgesellschaft „zu mumifizieren und ins museal Historische zu entrücken suchte, waren nichts anderes als ihre eigenen, erst kürzlich verübten Verbrechen"[130]. Im Kapitel *Fortuna Nord* wird dann die Erklärung geliefert, mit was dieses Verdrängen leichter gemacht wird. Zunächst erfährt der Leser, dass *ein neues Zeitalter (BT, 602)* begonnen hat:

> Welch eine Aussicht! Zu unseren Füßen das Braunkohlenrevier des Erftlandes. Die acht gegen den Himmel dampfenden Kamine des Werkes Fortuna. Das neue, zischende, immer explodieren wollende Kraftwerk Fortuna Nord. Die Mittelgebirge der Schlackenhalden mit Drahtseilbahnen und Kipploren darüber. Alle drei Minuten ein Elektrozug mit Koks oder leer. Vom Kraftwerk kommend, zum Kraftwerk hin, spielzeugklein, dann Spielzeug für Riesen, die linke Ecke des Friedhofs überspringend die Starkstromleitungen in Dreierkolonne, summend und hochgespannt nach Köln laufend, Andere Kolonnen dem Horizont zu, nach Belgien und Holland eilend: Welt, Knotenpunkt. (BT, 598/599)

Es ist die Zeit des industriellen und wirtschaftlichen Wiederaufbaus, und beschrieben wird hier das *Pathos der Industrielandschaft (BT, 601)*, gefolgt von der Umbettung einer toten Frau. Diese Verknüpfung lässt die Grabumbettung zu „einer Gleichnismetapher für die historisch-gesellschaftliche Entwicklung"[131] werden: Die Vergangenheit wird noch einmal kurz an die Oberfläche geholt, um jedoch gleich darauf für immer begraben zu werden. Damit wird die Grabumbettung im allegorischen Sinn zu einem Bild für die „Verdrängung der Vergangenheit durch eine wirtschaftliche Wachstumsideologie"[132]. Dieses

---

[130] Reddick, John: Vergangenheit und Gegenwart in Günter Grass' Blechtrommel. S.379.

[131] Jendrowiak, Silke: Günter Grass und die ‚Hybris' des Kleinbürgers. S.173.

[132] Jendrowiak, Silke: Günter Grass und die ‚Hybris' des Kleinbürgers. S.173.

Streben nach materiellen Gütern und finanziellem Reichtum wird sehr präzise dargestellt. Den ersten Hinweis darauf liefert bereits das letzte Kapitel des zweiten Buches *Wachstum im Güterwagen*, da der Begriff Güterwagen das Materielle in sich trägt. Oskar wird in eine Welt transportiert, in der materiell-finanzielle Interessen im Vordergrund stehen. Die Schilderung des Werkes Fortuna Nord vertieft diesen Eindruck: hier wird keine Landschaft beschrieben, die aus Natur besteht, sondern eine reine Industrielandschaft, die nur ein Ziel hat – Kapital zu bilden. Dass diese Mentalität nicht ohne Folgen auf zwischenmenschliche Beziehungen bleibt, ist abzusehen. Oskars Verhältnis zu Maria, von jeher kein einfaches, wird im Düsseldorf der Nachkriegszeit noch weiter strapaziert, da Oskar nach der Währungsreform kein Geld mehr mit Zigaretten verdient. Das Verhältnis entspannt sich erst wieder, als Oskar, zunächst durch seine Modelltätigkeit, später durch seine Trommlerkarriere, zu finanziellem Reichtum kommt und Maria ein Geschäft schenkt. Auch Oskars Trommelei unterliegt ganz dem Streben nach Geld. Zunächst spielt er in einem Nachtlokal, dem Zwiebelkeller, das kein billiges Lokal ist. Hier können nur Leute verkehren, die es bereits ‚zu etwas gebracht' haben. Dann wird seine Trommelei gewinnbringend vermarktet, er geht auf Tourneen und produziert Schallplatten. Eigentlich als privater Genuss gedacht, verwandelt Oskar seine Kunst *in das pure, klingende Gold der Nachkriegszeit (BT, 727)*. Aber natürlich ist das Streben nach finanziellen und materiellen Reichtümern nicht das eigentliche Ziel, vielmehr sich wieder wohl zu fühlen, es bequem zu haben. Dieser Wunsch nach Gemütlichkeit war bereits in der Kriegszeit vorhanden[133], wie das Gedicht von Kitty am Atlantikwall zeigt:

---

[133] Dieser Ansatz findet sich auch bei Reddick, John: Vergangenheit und Gegenwart in Günter Grass' Blechtrommel. S.387.

Noch waffenstarrend, mit getarnten Zähnen,

Beton einstampfend, Rommelspargel,

schon unterwegs ins Land Pantoffel,

wo jeden Sonntag Salzkartoffel

und freitags Fisch, auch Spiegeleier:

wir nähern uns dem Biedermeier!

Noch schlafen wir in Drahtvertrauen,

verbuddeln in Latrinen Minen

und träumen drauf von Gartenlauben,

von Kegelbrüdern, Turteltauben,

vom Kühlschrank, formschön Wasserspeier:

wir nähern uns dem Biedermeier!

Muss mancher auch ins Gras noch beißen,

muss manch ein Mutterherz noch reißen,

trägt auch der Tod noch Fallschirmseide,

knüpft er doch Rüschlein seinem Kleide,

zupft Federn sich vom Pfau und Reiher:

wir nähern uns dem Biedermeier! (BT, 444)

Dieses Gedicht kritisiert ganz offen eine Gesellschaft, die sich nur um die Befriedigung ihrer Wünsche und Bedürfnisse kümmert. Gleichzeitig sagt es aber auch, dass diese Gesellschaft zum Vortragszeitpunkt bereits vorhanden ist (Strophe 1), und nur darauf wartet, dass diese Vorstellung des ‚neuen Biedermeier' endlich Wirklichkeit wird. Arker charakterisiert Biedermeier als „die Zeit nach großen weltgeschichtlichen Katastrophen, in der sich der Einzelne, der dem Schlamassel glücklich entronnen ist, nur noch um sein Privatleben kümmert", es ist aber auch „die Zeit, die einer generationsumspannenden Enttäuschung über individuelle Zielvorstellungen und der daraus resultierenden Beschränkung auf die Privatexistenz folgt"[134]. Folgerichtig zählt in der Nachkriegsgesellschaft nur die Erfüllung der eigenen Wünsche. Roswitha bringt dies bereits am Atlantikwall auf den Punkt, wenn sie dieses Streben der Gesellschaft auf die Befriedigung von Essensgelüsten reduziert:

> Oh, heilige Handlung des Essens, die du die Völker verbindest, solange gefrühstückt wird! (BT, 444)

Dass die Handlung des dritten Buches in Düsseldorf, also im Rheinland spielt, ist natürlich auch kein Zufall. Die *rheinisch fröhliche Art (BT, 47)*, die schon Matzerath auszeichnete, rückt hier ins Blickfeld. Im Rheinland leben demnach Menschen, die fröhlich sind, und, leiten wir dies von Matzerath ab, die leben und leben lassen. Es ist allgemein bekannt, dass im Rheinland eine gewisse Leichtlebigkeit herrscht, dies zeigt sich auch an den alljährlich dort stattfindenden Karnevalsveranstaltungen sowie an den Bemühungen, dass *Lustigkeit aufkommt oder, wie man im Rheinland sagt: Stimmung (BT, 59)*. Dass diese Leichtlebigkeit oberflächlich ist, wird in der *Blechtrommel* dargestellt. Hier kann die Leichtlebigkeit gleichgesetzt werden mit Leichtfertigkeit, denn wie sonst könnten die Menschen so schnell vergessen und zur Tagesordnung übergehen?[135] Im Rheinland zeigt sich das neue Biedermeier sehr deutlich, in Düsseldorf selbst tritt es mit *Butzenscheiben, mit Senf auf Käse, Bierdunst und niederrheinischer Schunkelei (BT, 672)* zu Tage.

---

[134] Arker, Dieter: Nichts ist vorbei, alles kommt wieder. S.313/14.

[135] Dieser Ansatz findet sich auch bei Reddick, John: Vergangenheit und Gegenwart in Günter Grass' Blechtrommel. S.20f.

Bebra und die innere Emigration

> „Es gibt keine ‚Innere Emigration', auch zwischen 1933 und 1945 hat es keine gegeben. Wer schweigt, wird schuldig." (IX, S.35/36)

Bebra wird von Oskar mit *Magister (BT, 151)* betitelt, er ist sein Mentor und Meister. Oskar trifft Bebra zum ersten Mal im Kapitel *Die Tribüne* bei einem Zirkusbesuch. Vor ihm lässt Oskar die Maske seiner Dreijährigkeit fallen, da Bebra ebenfalls sein Wachstum eingestellt hat, wenn auch etwas später als Oskar. Bebra ist es auch, der Oskar den Rat gibt, auf oder zumindest unter der Tribüne zu sein, aber niemals davor zu stehen. Damit wird eines gleich deutlich: Bebra weiß um die Gefahr des Nationalsozialismus und will sich nicht von den Nazis manipulieren lassen. Doch bereits bei ihrer zweiten Begegnung, nach Agnes' Tod, wird Oskar klar, dass Bebras Äußerung ihm gegenüber bezüglich Selbstzucht und Beschränkungen nichts anderes bedeutet als dass Bebra *unters Fußvolk geraten [war], auch wenn er weiterhin im Zirkus auftrat (BT, 221)*. Bebra gibt dies Oskar gegenüber auch zu:

> Ich habe versagt, lieber Freund, wie könnte ich weiterhin Ihr Lehrer sein. Oh, diese schmutzige Politik! (BT, 221)

Spätestens jetzt weiß der Leser, dass Bebra eine Haltung praktiziert, die gemeinhin ‚innere Emigration' genannt wird. Von nun an ist Bebra eine Allegorie auf „den von Gottfried Benn vertretenen Künstlertypus"[136]. Dies wird noch deutlicher, als Bebra die Leitung des Fronttheaters übernimmt. Nun lassen sich die Parallelen zu Gottfried Benn sehr einfach aufzählen: politisches Bewusstsein, großer Intellekt, Gespür für politische Strömungen, Geistesaristokratie – Bebra fühlt sich ebenfalls den Massen überlegen und weicht vor ihnen zurück -, Bebras aristokratische Herkunft *(BT, 143))* und die Haltung der inneren Emigration. Letztere wird von Bebra bei der dritten Begegnung mit Oskar beim Namen genannt, woraufhin sich Oskar dazu entschließt, Bebra aus dem Weg zu gehen:

> Von schwierigen Zeiten sprach er, von den schwachen, die zeitweilig ausweichen müssten, vom Widerstand, der im Verborgenen blühe, kurz, es fiel damals das Wörtchen „Innere Emigration", und deswegen trennten sich Oskars und Bebras Wege.(BT, 402/403)

---

[136] Kim, Nury: Allegorie oder Authentizität. S.75.

Oskars Reaktion kann, bezieht man die anfangs von Grass zitierte Äußerung mit ein, als die Meinung des Autors gelesen werden. Warum sich Oskar aber dennoch Bebras Fronttheater anschließt, das ja dem Propagandaapparat der Nazis angehört, wurde bereits erwähnt: er flieht vor dem Euthanasieprogramm. Dass Bebra jedoch die Führung des Fronttheaters übernimmt, rückt ihn abermals in Benns Nähe, der die Armee als „die aristokratische Form der Emigration"[137] beschrieb. Die verschlungene, verknotete Darbietung der Gummimenschen Kitty und Felix legt von der Haltung der inneren Emigration ihres Meisters Bebra ein sichtbares Zeugnis ab[138]:

> Beide waren Gummimenschen, verknoteten sich, fanden immer wieder durch sich hindurch, aus sich heraus, um sich herum, nahmen von sich weg, fügten einander zu, tauschten dies und das aus. (BT, 428)

Während seiner Zeit mit der Truppe erfährt Oskar jedoch auch, dass sich Bebras innere Emigration wohl gewandelt hat in Aktivismus:

> Roswitha klärte mich flüsternd auf, wusste zwar nichts Genaues, munkelte nur von Offizieren, die nach den Vorstellungen Bebra hinter verschlossenen Türen aufsuchten. Es sah so aus, als verließe der Meister seine innere Emigration, als plante er etwas Direktes, als regierte in ihm das Blut seines Vorfahren, des Prinzen Eugen. (BT, 434)

Weiteres wird darüber allerdings nicht berichtet, aber man darf wohl annehmen, dass Bebra gegen Ende des Krieges durchaus im Auftrag der Deutschen tätig wurde. Dies kann jedoch nicht vollkommen von Vorteil für ihn gewesen sein, denn er gesteht, dass seine innere Emigration nicht die richtige Haltung war und dass es überhaupt besser gewesen wäre, sich in keiner Weise am Krieg beteiligt zu haben:

> Wir Zwerge und Narren sollten nicht auf einem Beton tanzen, der für Riesen gestampft und hart wurde! Wären wir nur unter den Tribünen geblieben, wo uns niemand vermutete. (BT, 452)

Doch der Schwerpunkt der allegorischen Funktion der Figur Bebras liegt weniger auf seiner Haltung während des Krieges als vielmehr auf seinem Erfolg

---

[137] zitiert nach Jendrowiak, Silke: Günter Grass und die ‚Hybris' des Kleinbürgers. S.251.
[138] Rothenberg, Jürgen: Günter Grass. Das Chaos in verbesserter Ausführung. S.22.

nach dem Krieg. Bebra wird im Düsseldorf der Nachkriegszeit Chef der Konzertagentur *West (BT, 729)*, die Oskar den Trommler unter Vertrag nimmt. Damit wird Bebra zu einer Allegorie für all jene, die sich den geistigen und zeitlichen Strömungen anpassen können, ohne dass ihr Gewissen ihnen dabei Probleme bereitet.[139]

Zwiebelkellerinfantilismus

> „Es ist die kindliche Ohnmachtsbezeugung, die infantile Geste, mit der Erwachsene ständig Schuld und Verantwortung außerhalb ihres eigenen Bereiches vermuten und mystifizieren: Die Gesellschaft ist schuld, die Verhältnisse sind schuld. [...] Die Erwachsenen flüchten sich oft in die Schutzbereiche kindlicher Unverantwortlichkeit." (IX, 431)

Im Kapitel *Im Zwiebelkeller* wird die bereits erwähnte These von Alexander und Margarete Mitscherlich satirisch dargestellt, indem die Unfähigkeit der Deutschen zu trauern durch den ‚Genuss' von Zwiebeln quasi weggeschnitten wird. Marcel Reich-Ranicki, der das gesamte dritte Buch der *Blechtrommel* für „völlig missraten" hält, sagt über dieses Kapitel, dass es eine „geniale Episode" ist[140].

Im Frühjahr 1949 findet Oskar zusammen mit Klepp und Scholle eine Anstellung als Musiker im Lokal *Zwiebelkeller*. Dieses Lokal ist eine parodistische Allegorie auf die Kleingaststätten der damaligen Zeit. Seine Möbel sind zusammengewürfelte Stücke, die zumeist nur entlehnt, also nicht neu sind. Es ist ungemütlich und teuer, und darum genau das Etablissement für *alle, die sich heutzutage Intellektuelle nennen (BT, 689/90)*. Es gibt im *Zwiebelkeller* weder etwas zu essen noch zu trinken. Es gibt nur Zwiebeln, Schneidbretter und Messer, um die Gäste zum Weinen zu bringen. Vor dem Zwiebelschneiden ist die Stimmung *wie vor dem Eierlegen: Man drückt und drückt... (BT, 690)*. Die Gäste reden *an den eigentlichen Problemen vorbei* und schaffen es nicht, *die blutige Wahrheit, den nackten Menschen* zu zeigen *(BT, 690)*. Doch dann tritt der Wirt auf, Schmuh, der auch *Allerweltsschmuh (BT, 686)* genannt wird, was auf die *Kollektivschuld (BT, 570)*, die in seinem Lokal abgeweint werden soll, hinweist.[141] Schmuh präsentiert sich *wie der Heiland, wie der ganz große*

---

[139] Dieser Ansatz findet sich auch bei Kim, Nury: Allegorie oder Authentizität. S.76.

[140] Marcel Reich-Ranicki im Spiegel-Interview: DER SPIEGEL 40/1999, S.308.

[141] Rothenberg, Jürgen: Günter Grass. S.23.

Wunderonkel (BT, 691). Die Zeremonie des *Zwiebelshawl*-Umlegens, das Austeilen der Bretter, Messer und Zwiebeln lässt den Leser unweigerlich an das christliche Abendmahl denken, ein Gedanke, der durch das darauffolgende Zwiebelschneiden noch verstärkt wird.[142] Das Enthäuten und Schneiden der Zwiebeln löst dann bei den Gästen *die runde menschliche Träne (BT, 693)* aus, sie finden über *die eigene nackte Sprache (BT, 693)* zu *Offenbarungen, Selbstanklagen, Beichten, Enthüllungen, Geständnissen (BT, 694)*, von denen dem Leser zwei Heilungsgeschichten als Exempel wiedergegeben werden. *Die wahre Tragik menschlicher Existenz (BT, 695)* erweist sich jedoch als falsche, denn was hier erzählt wird, sind skurrile Geschichten, die eine Mischung aus Schuld und Sühne beinhalten. Die Gäste bezahlen viel Geld dafür, dass sie endlich zum Weinen gebracht werden, und erkaufen sich doch nur etwas Ideelles, Illusorisches. Die Veräußerlichung der inneren Vorgänge, die hier gezeigt wird, kann nur im künstlichen Rahmen des Lokals vollzogen werden, die Verdrängung der Vergangenheit wird dadurch allerdings nicht aufgehoben. Die Gäste wollen sich so freikaufen von ihrer Schuld, wollen eine entkrampfte Atmosphäre nach der krampfhaften Nazi-Zeit erleben, doch sie verändern im Prinzip gar nichts. Wahre ‚Trauerarbeit' leisten sie mit diesen ritualisierten Weinen nicht, und darum können sie auf diesem Wege keine Vergangenheitsbewältigung betreiben. Sie wollen von einem ‚Heiland' erlöst werden, der nicht einmal sich selbst erlösen kann: Schmuh kann nur weinen, wenn er den letzten der zwölf Spatzen, die er täglich erschießt, getötet hat, oder wenn er einmal pro Woche die Toilettenfrau beschimpft. Aber auch dies ist eine pervertierte Trauer, die nichts mit wahrer Trauerarbeit zu tun hat.[143] Damit ist er ein Außenseiter dieser Gesellschaft, die nur über Zwiebeln zum Weinen kommen kann. Auch Oskar, Klepp und Scholle sind davon ausgegrenzt. Scholle war immer glücklich, er hat daher keinen Grund zu trauern, Klepp findet das Weinen lustig, und Oskar hat seine Trommel, die ihn zum Weinen bringt:

---

[142] Diese These vertritt auch Arker, Dieter: Nichts ist vorbei, alles kommt wieder. S.138f.

[143] Jürgen Rothenberg interpretiert das Abschießen der Spatzen anders: Da Schmuh Jude ist, sind die Spatzen das deutsche Volk, die Zahl 12 steht für die Dauer der Nazi-Herrschaft. Indem Schmuh die Spatzen abschießt, rächt er sich an all jenen, die diese Herrschaft ermöglichten. Schmuhs Rache wird bis zu einem gewissen Grad toleriert, eine Überschreitung, das Abschießen eines 13. Spatzen, wird hingegen bestraft: der Vogelschwarm, also die Allgemeinheit, fällt über Schmuh her und tötet ihn. Siehe Rothenberg, Jürgen: Günter Grass. S.24.

> Doch gehörte Oskar zu den wenigen Glücklichen, die noch ohne Zwiebeln zu Tränen kommen konnten. Meine Trommel half mir. Nur weniger, ganz bestimmter Takte bedurfte es, und Oskar fand Tränen, die nicht besser und nicht schlechter als die teuren Tränen des Zwiebelkellers waren. (BT, 699)

Damit gesteht Oskar eines ein: auch er betreibt keine richtige Vergangenheitsbewältigung. Aber im Gegensatz zu den Gästen des Zwiebelkellers ist er sich seiner Schuld bewusst und kann richtig trauern:

> Meine Schuld, meine übergroße Schuld. (BT, 324)

Es wundert daher nicht, dass Oskar den scheintrauernden Gästen seine Welt vortrommelt und sie so in den Zustand versetzt, in dem angeblich nur er so lange verharrte:

> Als Schmuh mich um den Einsatz meiner Blechtrommel bat, spielte ich nicht, was ich konnte, sondern was ich vom Herzen her wusste. Es gelang Oskar, einem einst dreijährigen Oskar die Knüppel in die Fäuste zu drücken. Alte Wege trommelte ich hin und zurück, machte die Welt aus dem Blickwinkel der Dreijährigen deutlich. (BT, 704)

Die Reaktion der Gäste auf das Zurücktrommeln alter Erinnerungen endet in der Befriedigung eines Kleinkinderbedürfnisses:

> Alle, die Damen und Herren, nässten, auch der Wirt Schmuh nässte, meine Freunde Klepp und Scholle nässten, selbst die ferne Toilettenfrau nässte, pisspisspisspiss machten sie, nässten alle die Höschen und kauerten sich dabei nieder und hörten sich zu. (BT, 705)

Oskar präsentiert dem Leser „ein Bild des kollektiven Infantilismus, das sozialpsychologische Reaktionen festhält, die der jähe Fall aus Omnipotenzphantasien in die Wirklichkeit der Niederlage und die Notwendigkeit, politisch für das eigene Tun gerade zu stehen, bewirkt haben"[144]. Doch nicht nur die wieder zu Kleinkindern gewordenen Gäste machen dieses Bild aus. Es ist auch Oskar selbst, der durch seine Kleinwüchsigkeit eine Allegorie ist auf den „grenzenlosen Infantilismus jener Zeit"[145]. Görtz meint damit allerdings nur die Nazi-Zeit. Besser wäre es wohl, Oskars Dreijährigkeit als Allegorie sowohl auf

---

[144] Arker, Dieter: Nichts ist vorbei, alles kommt wieder. S.139.
[145] Görtz, Franz Josef (Hg): Günter Grass. Auskunft für Leser. S.111.

die Nazi-Zeit als auch auf die Nachkriegszeit zu verstehen. Denn die Gesellschaft der Nachkriegszeit der *Blechtrommel*, welche mit der realen gleich zu setzen ist, bleibt in weiten Teilen dieselbe wie die der Kriegszeit, und sie steckt immer noch fest in ihrer Infantilität, da sie die Verantwortung weiter leugnet und nicht gewillt ist, sich mit der Vergangenheit in angemessener Weise auseinanderzusetzen. Auch Oskars Tourneen als Zurücktrommler, die zeitlich der Zwiebelkellerepisode und dem Besuch am Atlantikwall folgen, sind darunter einzuordnen. Auch hier weckt er Erinnerungen an die Kindheit, die jedoch immer schlechte sind:

> Die ersten Milchzähne (Schmerz) – Der schlimme Keuchhusten (Krankheit) – Lange wollene Strümpfe kratzen (unangenehmes Gefühl) – Wer Feuer träumt, das Bettchen nässt (Scham). (BT, 734; Klammerbegriffe von mir)

Oskar zweifelt die Kraft seiner Trommel zwar an, bezieht dies jedoch nur auf die Kraft auf andere:

> Mir war das Gerede der Zeitungsleute eher peinlich. Die trieben einen Kult mit mir, sprachen mir und meiner Trommel Heilerfolge zu. Gedächtnisschwund könne sie beseitigen, hieß es, das Wörtchen „Oskarnismus" tauchte zum erstenmal auf und sollte bald zum Schlagwort werden. (BT, 735)

Trotzdem kann auch Oskar nicht leugnen, dass die Trommel eine gewisse Wirkung auf seine Zuhörer hat:

> Das gefiel den alten Leutchen. Da waren sie ganz dabei. Da litten sie, [...] husteten schlimm, [...] kratzten, [...] nässten... (BT, 734)

Oskar zwingt seinen Zuhörern das Erinnern regelrecht auf, denn sie können ja gar nicht anders. Aber zugleich „protestiert [Oskar mit seinen Tourneen] gegen die Kommerzialisierung der geleugneten Vergangenheit und hat doch daran teil"[146].

---

[146] Arker, Dieter: Nichts ist vorbei, alles kommt wieder. S.140.

Umschlag und Rückkehr

> „Und doch müssten beide Schriftsteller schier verzweifeln an solch neubiedermeierlicher Idylle, weil alle in den *Flegeljahren*, in der *Sperlingsgasse* noch heiter umspielte und ironisch umzäunte Dämonie inzwischen, so harmlos sie wieder tut, viertausend Tage lang und länger alle Macht innegehabt hat. Wir, die gemütlichen, träumenden und listigen, wir, die kauzigen, erfinderischen und fleißigen Deutschen haben, als es „Mitsingen! Mitmachen!" hieß, unsere schwäbischen und märkischen, schlesischen und rheinischen Stammtische verlassen und das politische Verbrechen, alle provinzielle Ausmaße sprengend, in die Welt gesetzt." (IX, 201; Hervorhebungen von mir)

Die unterstrichenen Wörter bilden den Kern dieser Aussage von Grass. „Mitsingen" verweist auf den gruppenbildenden Charakter des Singens im Allgemeinen, der ein „Mitmachen" ermöglicht, ja, wenn nicht sogar erzwingt. Damit ordnet sich das Singen ein in die Reihe der zusammenbindenden Faktoren wie Uniformen, Märsche und Kundgebungen, die von den Nationalsozialisten betrieben wurden, um die Menschen für sich zu gewinnen. An Alfred Matzerath wurde bereits gezeigt, wie dieser Prozess langsam und schleichend die Einbindung in die Partei ermöglichte. Einen weiteren Hinweis auf die Kraft des gemeinsamen Singens erhält der Leser auf S.337 und S.343:

> Otannenbaumotannenbaumwiegrünsinddeineklinglöckchenklingeling elingallejahrewieder. (BT, 337)

> Meersternichdichgrüße und Mariazulieben. (BT, 343)

Das erste Zitat ist ein Medley von Weihnachtsliedern, welches Oskar zwar im Familienkreis mitsingt, aber welches er innerlich verabscheut, genauso wie er Weihnachten an sich nichts abgewinnen kann:

> Vielmehr hatte meine Stimme etwas gegen alle am Otannenbaum prangenden, Feststimmung verbreitenden Kugeln, Glöckchen, leichtzerbrechlichen Silberschaumgebläse, Weihnachtsbaumspitzen: Klingklang und klingelingeling machen zerstäubte der Christbaumschmuck. (BT, 337)

Das zweite Zitat besteht aus Kirchenliedern, die ebenfalls zusammen von der Gemeinde gesungen werden. Warum diese Zusammenschreibungen? Grass hat dies in einem Schulklassengespräch 1963 so begründet:

> „Ja, das sind so Begriffe. Es sind eigentlich Schlagworte, Klischees. Es wurde gesagt: „Wir singen jetzt Wirliebendiestürme", und das ist phonetisch auch übernommen. Hierzu kommt, dass dieses „Wirliebendiestürme" ein Zeitkolorit ist, es wurde immer zu einer bestimmten Zeit zu bestimmten Anlässen gesungen. Deswegen lässt sich das so zusammenfassen."[147]

Die oben zitierte „neobiedermeierliche Idylle" lebt ebenfalls vom Mitmachen und Mitsingen. In der Nazi-Zeit haben alle mitgesungen und mitgemacht, jetzt, in der Nachkriegszeit, tun sie es wieder, wenn auch auf andere Weise: alle geben sich harmlos. „Harmlos" ist in der Blechtrommel ein Wort, dem man mit Vorsicht begegnen sollte. Ein Beispiel sei hier gegeben:

> ..., ob Dückerhoff sicher war, im Wranka den Brandstifter Koljaiczek erkannt zu haben. Ich möchte sagen, solange der Sägemeister mit dem harmlosen, gutwilligen, trotz seiner Beschränktheit allgemein beliebten Wranka auf einem Dampfer saß, hoffte er, einen zu allem Frevel entschlossenen Koljaiczek nicht zum Reisegenossen zu haben. (BT, 33)

Das Harmlose kann hier schnell ins Bedrohliche umschlagen. Ein besonders gutes Beispiel für diesen Umschlag ist der Sonntagsausflug nach Zoppot im Sommer 1933 *(BT, 138-141)*.[148] Die Situation an sich, welche hier nicht weiter beschrieben werden soll, suggeriert den Umschlag nicht, es ist vielmehr Oskars Darstellung, die dem Leser diesbezügliche Hinweise liefert. Dieses Mal ist es nicht das Singen, das Gemeinsamkeit hervorruft, sondern gemeinsames Lachen, das alle gesellschaftlichen Klassen miteinander vereint und den Blick auf die „durch und durch mörderisch[e] und militärisch[e]"[149] Atmosphäre lenkt, die diese Zeit bestimmt:

> Dennoch lachte der ganze Tisch, weil Tuschel die Witze erzählte. Nur ich hielt mich ernst und versuchte mit starrer Miene Pointen zu töten. Ach, wie die Lachsalven, wenn auch nicht echt, doch ähnlich den Butzenscheiben an der Fensterfront unserer Fressecke, Gemütlichkeit verbreiteten. (BT, 140)

---

[147] zitiert nach Arker, Dieter: Nichts ist vorbei, alles kommt wieder. S.169.

[148] Arker, Dieter: Nichts ist vorbei, alles kommt wieder. S.319f

[149] Arker, Dieter: Nichts ist vorbei, alles kommt wieder. S.322.

Im Düsseldorf der Nachkriegszeit ist dies nicht anders, auch hier stehen Harmlosigkeit und Bedrohlichkeit ganz nahe beieinander:

> Wir konnten mit uns beliebig umgehen, Bier dabei trinken, mit Blutwürsten grausam sein, Stimmung aufkommen lassen und spielen. (BT, 60)

Mit dem Umgang der Blutwürste ist ein Umschlag ins Bedrohlich-Grausame in die ansonsten harmlos wirkende Umgebung integriert. Grass sieht im Zirkel von politischer Hybris, die sich im Dritten Reich besonders gezeigt hat, und privater Genügsamkeit, die den ‚normalen' Kleinbürger bestimmt, eine historische Prädisposition der Deutschen:

> „Wir schrecken zusammen, wenn die Gewalt ihr Nickerchen auf dem Sofa unterbricht, wenn der eben noch schlummernde Biedersinn erwachend zur Hybris sich auswächst." (IX, S.149)

Aber die Gefahr des Umschlages[150] ist nicht immer so offensichtlich, und zuweilen könnte man auch meinen, es gibt auch den entgegengesetzten Umschlag in der Blechtrommel, doch dieser Eindruck täuscht, wie sich an Herrn Zeidler und an Egon Münzer alias Klepp zeigen wird.

Oskar trifft Herrn Zeidler, als er auf Zimmersuche ist. Zeidler ist gerade dabei, sich zu rasieren, weshalb seine untere Gesichtshälfte komplett verdeckt ist. Oskar kann ihn also nicht ganz sehen. Er sieht jedoch, dass Zeidler eine *gutgeschnittene Bürste (BT, 632)* hat, womit sich auch sein Spitzname *Igel (BT, 629)* erklärt. Oskar erfährt, dass sein Vermieter Vertreter für Haarschneidemaschinen ist. Damit ist schon einiges gesagt: denn auch Matzerath, der Anpasser, war ein Vertreter, bevor er zur Kaiserlichen Armee kam und bevor er Agnes heiratete. Wichtig erscheint hierbei, dass der Igel als Vertreter von Haarschneidemaschinen dafür sorgt, dass man sein Äußeres verändern kann. Dies lässt darauf schließen, dass er selbst es versteht, sich jeder Situation, und hier ist vor allem die politische gemeint, anzupassen. Auch dass er diesen Beruf schon seit 15 Jahren ausübt, verweist auf seine Wandlungsfähigkeit, denn immerhin hat er damit das Dritte Reich, das ja

---

[150] Die Gefahr des Umschlags ist für Grass vor allem in der Person Ludwig Erhards präsent, der nach Grass all das symbolisiert, was die neobiedermeierliche Idylle genauso wie ihre versteckte Bedrohlichkeit ausmacht: „Zuerst den Puffreis, dann knapper Anlauf, um nun, in den verebbenden Beifall, die Pudelmütze ihm draufgestülpt: ‚Er ist so gemütlich, dass er schon unheimlich wirkt.'" (IX, S.139).

tausend Jahre währen sollte, überholt.[151] Mit dem Igel zeigt sich jedoch auch das kleinbürgerliche Milieu der Nachkriegszeit. Die vier Teppiche seiner Wohnung verweisen auf eine Abschottung nach außen, sie sollen Behaglichkeit suggerieren und sorgen doch dafür, dass alles, was innerhalb der Wohnung geschieht, nach außen abgedämpft wird. Und dass so einiges geschieht, bekommt Oskar gleich zu sehen. Der Name Igel bezieht sich nicht nur auf die Frisur, sondern er drückt auch aus, dass Herr Zeidler weiß, wie er sich wehren kann. Dies lässt auf seine Fähigkeit zum Zorn und Unmut schließen, die er recht bald unter Beweis stellt. Auf eine geflüsterte Frage von seiner Frau bekommt er einen Wutanfall und gibt sich als der befehlshabender Herr des Hauses:

> Wersprichthierwennnichtgefragtistundhatnichtszusagennurichichich! Keinwortmehr! (BT, 631)

Daraufhin *zerscherbt (BT, 631)* er genau acht Likörgläser, um *seinen Zorn glaubwürdig nachklingen, ausklingen zu lassen (BT, 631)*. Es zeigt sich, dass Zeidler seine Zornausbrüche zu völlig lächerlichen Zwecken einsetzt. Aber dieser Zorn hat dort seine Grenzen, wo konventionelle Vorstellungen der Ordnung getroffen werden, und darum erstaunt es nicht, dass seine Ausbrüche einem bestimmten Ritual folgen, also selbst konventionell sind. Nach der Zerstörung der acht Gläser nimmt sich Zeidler *vorgebeugt hechelnd, aber dennoch [seiner Frau] ergeben (BT, 632)* Kehrblech und Handbesen und beginnt, die Scherben zusammen zu fegen. Warum Zeidler dieses Schauspiel liefert, liegt auf der Hand: er möchte Oskar beeindrucken und ihm zeigen, wer das Sagen hat. Doch der Schuss geht nach hinten los, Oskar ist nicht im Mindesten beeindruckt:

> Auch ich liebte es einst, meinen Zorn in Glasscherben zu verwandeln – doch niemand hat mich jemals zu Kehrblech und Handfeger greifen sehen! (BT, 632)

Mit Zeidlers Verhalten zeigt sich eine Ambivalenz zwischen Ordnung und Destruktivität, die äußerst wackelig ist. Nur zu leicht kann die durch Ordnung gedeckte Destruktivität an die Oberfläche steigen und ‚übernehmen'. Die Gefahr des Umschlags ist in seiner Person stets vorhanden. Diese Gefahr wird noch in einer weiteren Figur allegorisch dargestellt, nämlich in Egon Münzer alias Klepp. Er ist „eine der skurrilsten Erscheinungen des *Blechtrommel-*

---

[151] Rothenberg, Jürgen: Günter Grass. Das Chaos in verbesserter Ausführung. S.18.

Panoptikums"[152]. Klepp ist der Gemütlichkeit und Bequemlichkeit in einem Maße verfallen, die über das Behaglichkeitsstreben Matzeraths weit hinausgeht, auch wenn Klepp mit Matzerath doch einiges gemeinsam hat. Beide lieben das Essen, aber auch hier geht Klepp eine Spur weiter und wittert

> hinter jedem Leid dieser Welt einen wölfischen Hunger, und so glaubte er auch, jedes Leid mit einer Portion Blutwurst kurieren zu können. (BT, 672/73)

Klepp wird als *Träumer (BT, 670)* charakterisiert, der *ein treuer und begeisterter Anhänger des englischen Königshauses (BT, 665)* ist. Nichts deutet darauf hin, dass er das Dritte Reich und den Zweiten Weltkrieg erlebt hat, man gewinnt eher den Eindruck, dass er die ganze Zeit im Bett gelegen und gefressen hat. Oskars Trommel ist es schließlich, die ihn aus dem Bett und zurück in die Welt holt, und nun vollzieht sich eine Wandlung in Klepp, welche die Bedrohlichkeit und Gefahr des Umschlags in vollem Ausmaß deutlich werden lässt. Vom begeisterten Monarchieanhänger wird er zum zahlenden Mitglied der KPD und beginnt, Jazz zu spielen. Das an sich mag noch nicht bedrohlich erscheinen, doch dass er sich *die Zufahrtsstraßen zu allen Glaubensbekenntnissen offengehalten hat (BT, 670)*, zeigt, dass er ein Opportunist ist, wie er im Buche steht.

Die Gefahr des Umschlags stellt also immer auch eine Gefahr der Rückkehr der Gewalt, Intoleranz und des Leids dar. Ein weiteres Beispiel ist hierfür noch das Kraftwerk *Fortuna Nord*, dessen Umgebung idyllisch und harmonisch beschrieben wird, das jedoch auch immer explodieren will. Der Weihnachtsmann des Kapitels *Glaube Hoffnung Liebe*, der zum Gasmann wird, gibt wohl das Beste aller Beispiele für den Umschlag ab. Alles, was zunächst harmlos, lieb, gemütlich und gut erscheint, wird in der *Blechtrommel* zu einer Bedrohung. Dies zeigt sich an Niobe genauso wie an der Schwarzen Köchin, deren Symbolik und Allegoriefunktion hier jedoch nicht diskutiert werden sollen. Wichtig erscheint in diesem Zusammenhang, dass die Gefahr der Wiederkehr gebannt werden muss. Und um dies erreichen zu können, muss man sich mit seiner Vergangenheit auseinandersetzen und aus ihr lernen:

> „Es gilt, Auschwitz in seiner geschichtlichen Vergangenheit zu begreifen, in seiner Gegenwart zu erkennen und in Zukunft nicht

---

[152] Rothenberg, Jürgen: Günter Grass. Das Chaos in verbesserter Ausführung. S.19.

blindlings auszuschließen. Auschwitz liegt nicht hinter uns." (IX, S.461)

Oskar, der um die Gefahr des Umschlags und der Rückkehr weiß, ist daher vorsichtig. Diese Vorsicht zeigt sich vor allen Dingen daran, dass er kleinste Details wahrnimmt oder versucht, mit Hilfe seiner Trommel sich an sie zu erinnern. Nur der Blick auf das Kleine, Unwesentliche ermöglicht es, die großen Zusammenhänge zu verstehen und zu begreifen. Da Oskar aber die Gefahr sieht, wundert es nicht, dass er, der er die Zusammenhänge begreift und weiß, dass er an der Mentalität der Menschen, an ihrem Bedürfnis nach Idylle, aber auch an ihrem Hang zum Destruktiven, nichts ändern kann (und es vielleicht auch gar nicht will), dass er sich in eine Heil- und Pflegeanstalt zurückzieht und diese sein *endlich erreichtes Ziel (BT, 9/10)* nennt.

Die Aussage der *Blechtrommel*

Das absurde Geschichtsbild

„Ich glaube, dass die Hegelsche Gedichtsauffassung, die der Geschichte von vornherein einen Sinn suggeriert, ihr sogar den Weltgeist inthronisiert – als habe die Geschichte, nur weil sie Geschichte ist, in ihrem Verlauf immer das Recht auf ihrer Seite -, dass dies eine schreckliche These und Lehre ist, mit Folgen nach links und rechts. Denn in dem Augenblicke, in dem wir den geschichtlichen Prozessen von vornherein recht geben, wird jedes Unrecht sanktioniert." (X, S.367)

„Hier ist natürlich die Döblinsche Sicht des absurden Verlaufs der Geschichte im Wallenstein-Roman [...] etwas, was sich in meiner Arbeit weiter bestätigt hat." (X, S.368)

Der von Grass hier beschriebene absurde Verlauf der Geschichte hält verhältnismäßig spät Einzug in die Romanhandlung der Blechtrommel. Dem erlebenden Oskar der Handlung wird er erst bewusst, als er beim Prozess gegen die Stäuber auf dem *Sprungbrett (BT, 504)* steht. Dieses Brett bietet ihm die Möglichkeit des mentalen Absprungs von der Hegelschen Geschichtsphilosophie hin zur Erkenntnis der Absurdität von Geschichte:

Und als sich in der Zeugenbank die gestrenge Luzie mit dem dünnen Mozartzopf zwischen den Schulterblättern erhob, die Strickjackenarme ausbreitete und, ohne den verkniffenen Mund zu bewegen, flüsterte: „Spring, süßer Jesus, spring!", da begriff ich die verführerische Natur eines Zehnmetersprungbrettes, da rollten sich kleine graue Kätzchen in meinen Kniekehlen, da paarten sich Igel unter meinen Fußsohlen, da wurden Schwalben in meinen Achselhöhlen flügge, da lag mir die Welt zu Füßen und nicht nur Europa. Da tanzten Amerikaner und Japaner einen Fackeltanz auf der Insel Luzon. Da verloren Schlitzäugige und Rundäugige Knöpfe an ihren Monturen. Da gab es aber in Stockholm einen Schneider, der nähte zum selben Zeitpunkt Knöpfe an einen dezent gestreiften Abendanzug. Da fütterten Mountbatten die Elefanten Birmas mit Geschossen aller Kaliber. Da lehrte gleichzeitig eine Witwe in Lima ihren Papagei das Wörtchen „Caramba" nachsprechen. Da schwammen mitten im Pazifik zwei mächtige, wie gotische Kathedralen verzierte Flugzeugträger aufeinander zu, ließen ihre Flugzeuge starten und versenkten sich gegenseitig. Die Flugzeuge aber konnten nicht mehr landen, hingen hilflos und rein allegorisch gleich Engeln in der Luft und verbrauchten brummend ihren Brennstoff. Das jedoch störte einen Straßenbahnschaffner in Haparanda, der gerade Feierabend gemacht hatte, überhaupt nicht. Eier schlug er sich in die Pfanne, zwei für sich, zwei für seine Verlobte, auf deren Ankunft er lächelnd und alles vorausbedenkend wartete. Natürlich hätte man auch voraussehen können, dass sich die Armeen Konjews und Schukows abermals in Bewegung setzen würden: während es in Irland regnete, durchbrachen sie die Weichselfront, nahmen Warschau zu spät und Königsberg zu früh und konnten dennoch nicht verhindern, dass einer Frau in Panama, die fünf Kinder hatte und einen einzigen Mann, die Milch auf dem Gasherd anbrannte. So blieb es auch nicht aus, dass der Faden des Zeitgeschehens, der vorne noch hungrig war, Schlingen schlug und Geschichte machte, hinten schon zur Historie gestrickt wurde. (BT, 504/05)

Das elfmalige *da* bereitet Oskars Erkenntnis vor und steigert die Spannung und Erwartung des Lesers. Aber es ist auch ein temporales *da*. Es rückt die geschichtlichen Ereignisse neben die privaten und relativiert damit das geschichtlich Wichtige, stellt es als einen ‚Zufall' und als gleichzeitig geschehend dar. Wie bereits erwähnt, wird so dem Privaten eine größere Bedeutung beigemessen. Damit schlägt aber, so Arker, die versuchte

Entdämonisierung des Nationalsozialismus um „in eine ihrerseits mystifizierende Konfrontation der Geschichte mit der Dingwelt"[153]. Aber von Mystik kann hier nicht die Rede sein, da der Blick auf das Alltägliche gerichtet wird, das in seiner Gesamtheit den Nationalsozialismus mitbegünstigt hat. Allerdings wird dies nirgendwo in der *Blechtrommel* gesagt, diese Feststellung ergibt sich aus der Art der Darstellung und muss eine Vermutung des aufmerksamen Lesers bleiben. Arker stellt jedoch richtig fest, dass Oskars Darstellung der militärischen Taten hier darauf abzielt, die verheerenden Folgen derselben für die Menschen zu zeigen. Beispiele hierfür wären das *zu früh* und *zu spät* der zitierten Textstelle. Zu spät kam die Hilfe für die Warschauer Verteidiger, zu früh wurde Königsberg angegriffen und der Fluchtweg für die Einwohner versperrt.[154] Die Absurdität der Geschichte zeigt sich an der Bezugslosigkeit der Einzelereignisse, die dennoch, betrachtet man das Gesamtbild, nicht gänzlich voneinander zu trennen sind. Eine Auswirkung oder Folge kann jedes Ereignis haben, sei es im kleinen privaten Kreis oder im geschichtlich weltbewegenden. Militärisches Geschehen, Politik und besonders eine so weitwirkende Politik wie die des Dritten Reiches, hat Auswirkungen auf jeden Einzelnen, ob er jetzt zweitausend Kilometer entfernt wohnt oder genau nebenan. Im nachfolgenden Satz, der den Schlusssatz dieser Passage ausmacht, wird Geschichte auf die „überall gleichen, täglich hundertfach ausgeführten mechanischen Bewegungen, Reflexe, gewohnheitsmäßige Verrichtungen, Triebhaftes, ohne Rücksicht auf ethische Bewertung"[155] reduziert:

> Auch fiel mir auf, dass Tätigkeiten wie: Daumendrehen, Stirnrunzeln, Köpfchensenken, Händeschütteln, Kindermachen, Falschgeldprägen, Lichtausknipsen, Zähneputzen, Totschießen und Trockenlegen überall, wenn auch nicht gleichmäßig geschickt, geübt wurden. (BT, 505/06)

Was dem Leser hier präsentiert wird, ist eine monotone Bewegung der Menschheit, die immer gleich bleibt und sich nicht verändert. Die Absurdität des Ganzen wird nochmals in ihrem vollen Ausmaß gezeigt.

---

[153] Arker, Dieter: Nichts ist vorbei, alles kommt wieder. S.356.

[154] Ebd, S.364.

[155] Eykmann, Christoph: Geschichtspessimismus. S.116.

Kreislauf der Geschichte

> „Vergegenkunft – [...] eine[] vierte[] Zeit, die es uns möglich macht, unsere Schuleinteilungen Vergangenheit – Gegenwart – Zukunft zu überspringen oder parallel zu schalten, sie einzuholen oder uns näher zu bringen, was die Zukunft betrifft." (X, S.262)

Mit der „Vergegenkunft" soll vor allem zwei Dingen entgegen gewirkt werden: der Rückkehr und der Wiederholung. Welche Auswirkungen Wiederholung haben kann, wird im Roman an einer Stelle besonders deutlich hervorgehoben. Die Geschichte der Stadt Danzig demonstriert auf eindrucksvolle Weise, wie sich Geschichte wiederholt:

> Zuerst kamen die Rugier, dann kamen die Goten und Gepiden, sodann die Kaschuben, von denen Oskar in direkter Linie abstammt. Bald darauf schickten die Polen den Adalbert von Prag. Der kam mit dem Kreuz und wurde von Kaschuben oder Pruzzen mit der Axt erschlagen. Das geschah in einem Fischerdorf, und das Dorf hieß Gyddanyzc. Aus Gyddanyzc machte man Danczik, aus Danczik wurde Dantzig, das sich später Danzig schrieb, und heute heißt Danzig Gdańsk. BT, 520)

Der Bericht umfasst insgesamt vier Seiten, und hat, auf den Punkt gebracht, *ein zerstörerisches und wiederaufbauendes Spielchen (BT, 520)* zum Inhalt. Geschichte präsentiert sich demnach als Kreisbewegung. Geschichte machen diejenigen, die zerstören:

> Das war aber nicht der erste Brand der Stadt Danzig. Pommerellen, Brandenburger, Ordensritter, Polen, Schweden und nochmals Schweden, Franzosen, Preußen und Russen, auch Sachsen hatten zuvor schon, Geschichte machend, alle paar Jahrzehnte die Stadt verbrennenswert gefunden – und nun waren es Russen, Polen, Deutsche und Engländer gemeinsam, die die Ziegel gotischer Backsteinkunst zum hundertstenmal brannten, ohne dadurch Zwieback zu gewinnen. (BT, 512)

Auch der letzte Satz der bereits zitierten Passage S.504/05 verweist darauf. Zusätzlich findet sich darin die Kreisbewegung (*Schlingen schlug*), die Arker[156] jedoch als Galgenschlingen interpretiert und so das Destruktive daran hervorhebt. Natürlich kann dieser Kreislauf der Geschichte leicht als

---
[156] Arker, Dieter: Nichts ist vorbei, alles kommt wieder. S.349.

Geschichtspessimismus des Autors abgetan werden. Aber die Blechtrommel zeigt auch Wege, diesen Kreislauf aufzubrechen. Nirgendwo sagt der Erzähler Oskar, dass es keine Möglichkeit gibt, den Kreislauf zu unterbrechen. Natürlich behauptet er auch nichts Gegenteiliges, aber indem er versucht, die Erinnerung wach zu halten, vor den Gefahren zu warnen, die Umschlag und Rückkehr bedeuten, wirkt er dem Kreislauf entgegen. Die Grass'sche vierte Zeit, die Vergegenkunft, hilft ihm dabei. Damit erklärt sich auch die besondere Struktur und Erzählart der *Blechtrommel*. Der chronologische Erzählverlauf wird immer wieder unterbrochen, um dem Erzähler die Möglichkeit der Überprüfung oder der näheren Erläuterung eines besonderen Ereignisses zu geben, oder um noch einmal von vorne zu beginnen.[157] Es gibt neben den schon genannten Beispielen noch weitere, direkte und indirekte, Hinweise in der *Blechtrommel*, dass der Erzähler Oskar den Kreislauf der Geschichte sowie ihre Absurdität anprangert, und alle stehen unter dem Motto, das von einer Äußerung des Malers Raskolnikoff vorgegeben wird:

> Nichts ist vorbei, alles kommt wieder. (BT, 621)

Da ist zum einen, dass zwei Personen aus vorangegangenen Büchern einen erneuten Auftritt im dritten haben, nachdem sie eigentlich schon totgesagt wurden. Dies wären Schugger Leo alias Sabber Wilhelm, und Viktor Weluhn, der im zweiten Buch ein flüchtender Geldbriefträger ist und im dritten Buch nur noch Flüchtender. Zum anderen ist es Oskars private Kreisbewegung. Die Röcke seiner Großmutter sind Ausgangspunkt der Erzählung und ziehen sich durch den gesamten Roman hindurch bis an sein Ende:

> Meine Großmutter Anna Bronski saß an einem späten Oktobernachmittag in ihren Röcken am Rande eines Kartoffelackers. (BT, 12)

> ...das Gegenteil der schrecklichen Schwarzen Köchin: Meine Großmutter sollte dort wie ein Berg ruhen und mich und mein Gefolge nach glücklicher Auffahrt unter die Röcke, in den Berg hineinnehmen. (BT, 776)

Die Röcke sind für Oskar Zuflucht und Ausdruck seines Wunsches nach Schutz und Heimat. Ein weiteres Motiv, das sich durch den gesamten Roman hindurchzieht und direkt mit Oskar verbunden ist, ist das Motiv der Schwarzen

---

[157] Gerstenberg, Renate: Zur Erzähltechnik von Günter Grass. S.38.

Köchin. Die Schwarze Köchin ist der Gegenpol zu den Schutz gebenden Röcken und sie symbolisiert Oskars Angst vor der Zukunft, steht somit für die Ungewissheit. Die Röcke und die Schwarze Köchin stellen Oskars persönlichen Kreis da, sie verbinden den Anfang seiner Erzählung mit dem Ende. Die Röcke der Großmutter werden nach Oskars Flucht und Einweisung in die Heil- und Pflegeanstalt durch diese ersetzt, die Schwarze Köchin jedoch ist stets präsent, gewinnt sogar noch an Bedeutung, als Oskar wieder entlassen werden soll:

> Fragt Oskar nicht, wer sie ist! Er hat keine Worte mehr. Denn was mir früher im Rücken saß, dann meinen Buckel küsste, kommt mir nun und fortan entgegen: Schwarz war die Köchin hinter mir immer schon. Dass sie mir nun auch entgegenkommt, schwarz. ... (BT, 779)

Damit schließt sich der Erzählkreis, der analog gesehen werden muss zum Kreislauf der Geschichte im Allgemeinen. Aber der Erzähler hat dem Leser Hinweise gegeben, wie der Kreis aufgebrochen werden und Umschlag und Rückkehr verhindert werden können. Von Geschichtspessimismus kann daher nicht die Rede sein.

Schlussbemerkung

> „Ich war zu jung, um ein Nazi gewesen zu sein, aber alt genug, um von einem System, das von 1933 bis 1945 die Welt zuerst in Staunen, dann in Schrecken versetzte, mitgeprägt zu werden. (IX, S.205)

Diese Prägung und seine persönlichen Erfahrungen hat Grass in die *Blechtrommel* einfließen lassen. Durch seine genauen Kenntnisse der Danziger Verhältnisse der Vorkriegs- und Kriegsjahre ist es ihm gelungen, eine so lebhafte Darstellung des Kleinbürgertums zu geben, dass er ohne „nackten Zeigefinger" in seinem Roman auskommt. Der Leser kann sich sein eigenes Gesamtbild machen, da ihm ‚nur' die Details vorgeführt werden. Der Nationalsozialismus wird nicht als dämonische Kraft dargestellt, die sich Schwache und leicht zu beeinflussende Menschen suchte, sondern es wird gezeigt, dass jeder auf seine Art und mit seinen eigenen Gründen eine Entscheidung für oder gegen ihn traf. Dass die Nationalsozialisten eine gewisse Anziehungskraft hatten, wird nicht verheimlicht, aber es wird auch genau gezeigt, worin diese Anziehungskraft bestand. Damit leistet Grass einen großen Beitrag zum Verständnis und zur Entdämonisierung des nationalsozialistischen Phänomens. Auch die formale Darstellung von Geschichte unterstützt dies.

Wortwahl und Syntax zeigen, dass Geschichte ‚nebenan' passierte, zumindest im Bewusstsein der Kleinbürger. Wo sie doch einmal im Alltagsleben spürbar wurde, wurde sie schnell als das Werk von anderen abgetan. Aber auch hier hält Grass, und mit ihm sein Erzähler Oskar dagegen, dass es immer Einzelne waren, die benannt werden können. Dass diese Vergangenheit nicht ohne Folgen bleiben kann, zeigt sich in der Nachkriegszeit. Oskar, der Trommler, erinnert die Menschen schmerzhaft an ihre eigene Vergangenheit, mahnt sie, sich mit ihr auseinanderzusetzen und aus ihr zu lernen, und erinnert sie daran, nicht zu vergessen, damit es nicht noch einmal geschehen kann. Aber seine Bemühungen sind zum Scheitern verurteilt, seine Ermahnungen fallen auf unfruchtbaren Boden, und so zieht er sich schließlich in die Abgeschiedenheit und Geschlossenheit der Heil- und Pflegeanstalt zurück, da er in einer Gesellschaft, die sich nicht mit ihrer Vergangenheit und Verantwortung auseinandersetzen will, nicht leben kann und dies auch nicht möchte. Mit seiner eigenen Schuld und Verantwortung kommt er erst wirklich ins Reine, als er in der Anstalt ist. Die Erzählung seiner Lebensgeschichte ist Teil davon, da sie ihm hilft, alles noch einmal zu rekapitulieren. Somit bewegt er sich zwar noch einmal im Kreis, passend zu dem in der *Blechtrommel* vertretenen Geschichtsbild, aber indem Oskar sich mit seiner Vergangenheit auseinandersetzt, also Vergangenheitsbewältigung betreibt, bricht er diesen Kreis auf. Er ist gewarnt und aufmerksam, und der Leser sollte dies auch sein.

Abkürzungen

BT   Grass, Günter: *Die Blechtrommel*. München, 1999. – Zuerst 1959.

IX   *Günter Grass. Essays, Reden, Briefe, Kommentare.* Sammlung Luchterhand, Band IX.

X   *Gespräche mit Günter Grass.* Sammlung Luchterhand, Band X.

Literaturverzeichnis

Primärliteratur

Grass, Günter: *Die Blechtrommel*. München, 1999.

Volker Neuhaus (Hg): *Günter Grass. Werkausgabe in zehn Bänden.* Darmstadt und Neuwied, 1987

Band IX: Hermes, Daniela (Hg): Günter Grass. Essays, Reden, Briefe, Kommentare.

Band X: Stallbaum, Klaus (Hg): Gespräche mit Günter Grass.

Sekundärliteratur

Adorno, Theodor W.: *Prismen*. Berlin, Frankfurt a.M., 1955.

Arker, Dieter: *Nichts ist vorbei, alles kommt wieder. Untersuchungen zu Günter Grass' „Blechtrommel"*. Heidelberg, 1989.

Arnold, Heinz Ludwig: Gespräche mit Günter Grass. In: Heinz Ludwig Arnold (Hg): *Günter Grass. Text und Kritik 1/1a*. München, 1978, S.1-39.

Arnold, Heinz Ludwig (Hg): *Günter Grass. Text und Kritik 1/1a*. München, 1978.

Braese, Stephan; Gehle, Holger; Kiesel, Doron; Loewy, Hanno (Hg): *Deutsche Nachkriegsliteratur und der Holocaust*. Frankfurt am Main, New York, 1998.

Brode, Hanspeter: *Günter Grass*. München, 1979.

Duden. Herkunftswörterbuch. Etymologie der deutschen Sprache. 3.Aufl., Bd.7, Mannheim, Leipzig, Wien, Zürich, 2001.

Durzak, Manfred (Hg): *Die deutsche Literatur der Gegenwart. Aspekte und Tendenzen*. Stuttgart, 1971.

DER SPIEGEL 40/1999

Eliot, T.S: *Selected Essays*. London, 1972.

Enzensberger, Hans Magnus: Wilhelm Meister, auf Blech getrommelt. In: Gert Loschütz: *Von Buch zu Buch – Günter Grass in der Kritik*. Neuwied, Berlin, 1965, S.8-12.

Eykmann, Christoph: *Geschichtspessimismus in der deutschen Literatur des zwanzigsten Jahrhunderts*. Bern, München, 1970.

Fischer André: *Inszenierte Naivität: zur ästhetischen Simulation von Geschichte bei Günter Grass, Albert Drach und Walter Kempowski*. München, 1992.

Gerstenberg, Renate: *Zur Erzähltechnik von Günter Grass*. Heidelberg, 1980.

Görtz, Franz Josef (Hg): *Günter Grass. Auskunft für Leser*. Darmstadt, Neuwied, 1984.

Gottschalk, Herbert: *Lexikon der Mythologie*. München, 1985.

Hüppauf, Bernd (Hg): *Die Mühen der Erben. Kontinuität und Wandel in der deutschen Literatur und Gesellschaft. 1945-1949*. Heidelberg, 1981.

Jendrowiak, Silke: *Günter Grass und die ‚Hybris' des Kleinbürgers*. Heidelberg, 1979.

Just, Georg: *Darstellung und Appell in der Blechtrommel von Günter Grass*. Frankfurt, 1972.

Koopmann, Helmut: Der Faschismus als Kleinbürgertum und was daraus wurde. In: Franz Josef Görtz (Hg): *Günter Grass. Auskunft für Leser*. Darmstadt, Neuwied, 1984, S.95-123.

Kim, Nury: *Allegorie oder Authentizität. Zwei ästhetische Modelle der Aufarbeitung der Vergangenheit: Günter Grass' Die Blechtrommel und Christa Wolfs Kindheitsmuster*. Frankfurt am Main, 1995.

Krumme, Detlef: *Günter Grass. Die Blechtrommel*. München, Wien, 1986.

Lattman, Dieter: *Die Literatur der Bundesrepublik*. Zürich und München, 1973.

Lindner, Burkhardt: Was heißt: Nach Auschwitz? Adornos Datum. In: Stephan Braese, Holger Gehle, Doron Kiesel, Hanno Loewy (Hg): *Deutsche Nachkriegsliteratur und der Holocaust*. Frankfurt am Main, New York, 1998, S.283-300.

Loschütz, Gert: *Von Buch zu Buch – Günter Grass in der Kritik*. Neuwied, Berlin, 1965.

Mitscherlich, Alexander und Margarete: *Die Unfähigkeit zu trauern*. München, 1967.

Neuhaus, Volker: *Günter Grass*. Stuttgart, 1979.

Raddatz, Fritz J.: *ZEIT-Gespräche*. Frankfurt am Main, 1978.

Reddick, John: Vergangenheit und Gegenwart in Günter Grass' Blechtrommel. In: Bernd Hüppauf (Hg): *Die Mühen der Erben. Kontinuität und Wandel in der deutschen Literatur und Gesellschaft. 1945-1949*. Heidelberg, 1981, S.373-397.

Rothenberg, Jürgen: *Günter Grass. Das Chaos in verbesserter Ausführung: Zeitgeschichte als Thema und Aufgabe des Prosawerks*. Heidelberg, 1976.

Schwan, Werner: *Ich bin doch kein Unmensch. Kriegs- und Nachkriegszeit im deutschen Roman*. Freiburg im Breisgau, 1990.

Vormweg, Heinrich: Deutsche Literatur 1945-1960: Keine Stunde Null. In: Manfred Durzak (Hg): *Die deutsche Literatur der Gegenwart. Aspekte und Tendenzen*. Stuttgart, 1971, S.13-30.

Wer ist Oskar Matzerath?

Melina Pütz

2007

Einleitung

Die vorliegende Hausarbeit bezieht sich auf Günter Grass' Roman ‚Die Blechtrommel', welcher so reich an Formen, Motiven und Personen ist, dass es mir schwer fiel, mich für nur einen bestimmten Aspekt zu entscheiden.

Am meisten verwirrt hat mich allerdings der Held (oder Antiheld?) des Romans. Ist man doch als Leser zumeist seiner Romanfigur verbunden und glaubt diese zu kennen, habe ich dieses Gefühl bei Oskar Matzerath nie bekommen.

Meine Eindrücke von diesem „verrückten (oder nicht verrückten) Oskar"[158], diesem „trommelnden Gnom"[159] bzw. „Blechtrommler, Krüppel, Idioten"[160] enthielten die gesamte Palette der Emotionen. Diese reichten von starker Sympathie über Hass, von Verständnis für seine Sichtweise über totale Irritation und von tiefem Mitleid bis zum gänzlichen Abgestoßensein.

Was ist er nun? Held oder Antiheld? Mensch oder Karikatur? Kind oder Monster? Jesus oder Satan?

Die Verwirrung über die Figur ließ in mir immer stärker die Frage aufkommen mit wem es der Leser hier zu tun hat und meine Arbeit soll helfen eine Antwort auf die Frage „Wer ist Oskar Matzerath?" zu finden.

Zu diesem Zweck soll in erster Linie werkimmanent gearbeitet werden. In der Interpretation werde ich mich in erster Linie auf eigene Gedanken beschränken, meine Aussagen durch Zitate aus dem Roman belegen und nur an geeigneter Stelle Sekundärliteratur zu Rate ziehen.

---

[158] Walter Höllerer: Unterm Floß. In: Der Monat. H. 131. August 1959. Abgedruckt in Neuhaus, Volker: Günter Grass. Die Blechtrommel (Stuttgart: Reclam 1997), S. 99.

[159] Jost Nolte: Oskar, der Trommler kennt kein Tabu. In: Die Welt. Hamburg. 17 Oktober 1959. Abgedruckt in Neuhaus, Volker: Günter Grass. Die Blechtrommel (Stuttgart: Reclam 1997), S. 105.

[160] Hans Magnus Enzensberger: Wilhelm Meister, auf Blech getrommelt. Über Günter Grass. Süddeutscher Rundfunk. Stuttgart. 18. November 1959. Abgedruckt in Neuhaus, Volker: Günter Grass. Die Blechtrommel (Stuttgart: Reclam 1997), S. 117.

Oskar Matzerath und seine Umwelt

Um zu entschlüsseln wer Oskar Matzerath also genau ist, ist eine Betrachtung seines direkten Umfeldes und seiner Bewertung von selbigem, unumgänglich. Hierzu werde ich zunächst die Gründe für seine selbst gewählte Existenz, die ihn von seinem Umfeld abgrenzt, durchleuchten und im Anschluss näher auf die jeweiligen Personen und seine Beziehung zu ihnen eingehen.

Im darauf folgenden Unterkapitel soll dann Oskars Verhältnis zur Kirche, zum Krieg bzw. zum Naziregime und zur Sexualität, sowohl seiner eigenen als auch der seiner Mitmenschen, betrachtet werden.

Die selbst gewählte Existenz Oskars

Oskar Matzerath gehört nach eigenen Angaben zu *„den hellhörigen Säuglingen, deren geistige Entwicklung schon bei der Geburt abgeschlossen ist"*[161]. Dies ermöglicht ihm bereits in diesem frühen Stadium die Welt zu analysieren und lässt ihn zu der Erkenntnis kommen, dass er sich mit dieser nie wird identifizieren können und auch sein Umfeld ihn nicht verstehen wird.

> „Einsam und unverstanden lag Oskar unter den Glühbirnen, folgerte, dass es so bleiben würde, bis sechzig, siebenzig Jahre später ein endgültiger Kurzschluß aller Lichtquellen Strom unterbrechen werde, verlor deshalb die Lust, bevor dieses Leben unter den Glühbirnen anfing, und nur die in Aussicht gestellte Blechtrommel hinderte mich damals, dem Wunsch nach Rückkehr in meine embryonale Kopfstellung stärkeren Ausdruck zu geben." (S. 54)

Dieses von Anfang an empfundene pessimistische Welt- und Menschenbild, wird im Laufe der *Blechtrommel* in Oskars Erfahrungen immer wieder bestätigt. Somit bis zum Ende seines Lebens zur Einsamkeit verdammt, sucht er nach einer Möglichkeit sich von dieser Welt abzugrenzen. Gefunden hat er diese in der Heil- und Pflegeanstalt, seiner Wachstumsverweigerung und der Blechtrommel. Auf diese und die Funktion der Fähigkeit des „Glaszersingens" wird in folgenden Unterkapiteln näher eingegangen.

---

[161] Grass, Günter: Die Blechtrommel. (München: DTV Verlag 61997), S. 52. Anmerkung der Autorin: Für die folgenden Zitate des Primärtextes erfolgen keine Fußnoten. Sie sind durch die Satzzeichen der wörtlichen Rede gekennzeichnet und mit einer Seitenzahl in Klammern versehen, die die explizite Stelle im Primärtext angibt.

Die Funktion der Wachstumsverweigerung

Einen physiologischen Grundstein zur Abgrenzung von den Erwachsenen legt Oskar an seinem dritten Geburtstag, als er beschließt nicht mehr zu wachsen. Nun sind sie ihm zwar körperlich überlegen, geistig jedoch ist er ihnen nach eigenen Angaben voraus:

> „Ich blieb der Dreijährige, der Gnom, der Däumling, der nicht aufzustockende Dreikäsehoch, [...] blieb der Dreijährige, aber auch Dreimalkluge, den die Erwachsenen alle überragten, der den Erwachsenen so überlegen sein sollte." (S. 71)

Diese Außenseiterposition ermöglicht es ihm sich gesellschaftlichen Zugriffen zu entziehen, was ihm bei der Belagerung der polnischen Post das Leben rettet und vor einer Strafe bei der Verurteilung der „Stäuber" bewahrt.

Seine „andauernde Dreijährigkeit", von Marcel Reich-Ranicki als „Tarnkappe" bezeichnet[162], hilft aber auch dabei die Masken der Erwachsenen zu Fall zu bringen, da diese in Oskar nur einen Dreijährigen sehen und so vermeintlich unbeobachtet ihrem Verhalten, ohne Rücksicht auf gesellschaftliche Konventionen, freien Lauf lassen können. Aus der Froschperspektive, der „tückischen Scheinnaivität"[163] heraus, kann Oskar also weitgehend ungestört beobachten und den Leser (zumeist) als auktorialer Erzähler unverblümt, wenngleich nicht wertend, nüchtern und nur in den seltensten Fällen emotional in die Enttarnung des Spießbürgertums mitnehmen.

Oskar will die Welt, gegen die er protestiert nicht verbessern, ja nicht mal in ihr leben und gibt im ganzen Roman nur ihre Geschehnisse in aller Härte, Widerlichkeit, Obszönität und Brutalität wieder. Dies wirft die Frage auf, ob nicht Oskar, sondern der Mensch selbst sich zur Karikatur seiner selbst macht, da Oskar ja lediglich dessen Verhalten beobachtet. Eine Stellungnahme hierzu werde ich im Fazit geben.

---

[162] Marcel Reich-Ranicki: Auf gut Glück getrommelt. In: Die Zeit. Hamburg. 1. Januar 1960. Abgedruckt in Neuhaus, Volker: Günter Grass. Die Blechtrommel (Stuttgart: Reclam 1997), S. 149.

[163] Kindlers Neues Literaturlexikon S. 795.

Die Funktion der Blechtrommel

Da Oskar sich durch seine Wachstumsverweigerung und der Weigerung zu sprechen von jeglicher Form der zwischenmenschlichen Kommunikation distanziert, sucht und findet er seinen Dialogpartner in der Blechtrommel. Diese ist für ihn von Anfang an existenziell, da er

> „ohne Blechtrommel nicht leben konnte und wollte"(S. 259), denn sie „starb nicht, wie eine Mutter stirbt, verstand mich, gab immer die richtige Antwort, die hielt sich an mich, wie ich mich an sie hielt." (S. 223)

Mit ihr kann er sich unterhalten, Vergessenes ins Gedächtnis zurückholen

> („Hätte ich nicht meine Trommel, der bei geschicktem und geduldigem Gebrauch alles einfällt, was an Nebensächlichkeiten nötig ist, um die Hauptsache aufs Papier zu bringen [...]" S. 23)

ihr kann er seine Gefühle mitteilen, also alles tun, was normaler Weise ein Mensch im Austausch mit einem anderen zu einem sozialen Wesen macht. Formal wird diese Vermenschlichung der Blechtrommel durch häufige Personifizierung derselben deutlich.

Wie also Menschen andere Menschen brauchen, braucht Oskar seine Blechtrommel. Ohne sie lebt er wie in Askese und magert ab:

> „Oskar war allein, verraten und verkauft. Wie sollte er auf die Dauer sein dreijähriges Gesicht bewahren können, wenn es ihm am Notwendigsten, an seiner Trommel fehlte. All die jahrelangen Täuschungsversuche [...] all diesen Krampf, den die Erwachsenen von mir erwarteten, musste ich ohne meine Trommel leisten" (S. 271)

Neben diesen Aspekten hat Oskar mit Hilfe der Blechtrommel auch die Möglichkeit Menschen zu manipulieren. Dies tritt bereits im Kapitel „Die Tribüne" auf, als Oskar eine Nazikundgebung sprengt, indem er der Menge statt den Marschrhythmen einen Charleston vortrommelt und so die Anwesenden zum Tanzen verführt.

Später – nach einer Trommelpause, auf deren Gründe ich noch eingehen werde – hat die Blechtrommel nur noch diese künstlerisch – manipulative Funktion. Wobei auch hier eine Kritik an der Gesellschaft geübt wird, da die Leute im „Zwiebelkeller" neben Zwiebeln auch Oskars Trommel brauchen, um zu ihren Gefühlen zu stehen, die Trommel,

> „die seine[des Wirtes] gutzahlenden Gäste zu lallenden, unbeschwert fröhlichen, aber auch Höschen nässenden, deshalb weinenden – ohne Zwiebel weinenden Kindern machte"(S. 707).

Und auch Oskar selbst braucht wenn auch keine Zwiebeln, so doch seine Trommel:

> „Doch gehörte Oskar zu den wenigen glücklichen, die noch ohne Zwiebel zu Tränen kommen konnte. Meine Trommel half mir." (S. 699).

Ein weiterer Beleg für die (aus Oskars Sicht) Unverzichtbarkeit der Trommel wird im folgenden Unterkapitel deutlich werden.

Die Funktion des „Glaszersingens"

Genau wie die Wachstumsverweigerung und die Blechtrommel, dient auch Oskars Stimme und seine Fähigkeit Glas zum Zerbrechen zu bringen in erster Linie dem Protest gegen die von ihm verhasste Welt und ist deshalb auch in engem Zusammenhang mit diesen zu sehen. Mit seiner Stimme stellt er sicher, dass niemand ihm seine Trommel wegnimmt:

> „Die Fähigkeit mittels einer Kinderblechtrommel zwischen mir und den Erwachsenen eine notwendige Distanz ertrommeln zu können, zeitigte sich [...] fast gleichzeitig mit dem Lautwerden einer Stimme, die es mir ermöglichte [...] in derart hoher Tonlage zu singen, zu schreihen oder schreiend zu singen, dass niemand es wagte, mir meine Trommel [...] wegzunehmen, denn wenn mir die Trommel genommen wurde, schrie ich" (S. 75)

Aus Protest zersingt er die Scheiben des Stadttheaters und benutzt seine Stimme schließlich mit immer mehr Gefallen auch, um die Gesellschaft zu verführen. Indem er Schaufenster zersingt, gibt er dem „braven Bürger" die Gelegenheit zum Dieb zu werden und deckt somit hier abermals die Verlogenheit der bürgerlichen Existenz auf.

Die Ursache für Oskars plötzliches Wachstum und den Buckel

Das Begräbnis seines mutmaßlichen Vaters Matzerath bedeutet das vorläufige Ende von Oskars Blechtrommel. Diese wirft er mit ins Grab und fängt unmittelbar darauf an zu wachsen. Als das Wachstum nach einiger Zeit endgültig abgeschlossen ist, misst Oskar dreißig Zentimeter mehr und hat einen Buckel bekommen.

Die Gründe für dieses Wachstum und der damit verbundenen Aufgabe seines Infantilismus liegen in dem wahrscheinlich durch sein Schuldgefühl verstärktes Verantwortungsgefühl gegenüber seines (mutmaßlichen) Sohnes Kurt und seiner Stiefmutter Maria.

Angedeutet hatte sich dieses bereits kurz vor dem Tod Jan Bronskis bei der Belagerung der polnischen Post, als er zum ersten Mal mit einem Menschen außer Bebra wirklich spricht. Wenn auch die Schuldfrage Oskars sowohl am Tod Jan Bronskis als auch Alfred Matzeraths nicht endgültig zu klären ist, sind doch Oskars Schuldgefühle eindeutig beschrieben.

> „an jenem Tage datierte sich meine zweite große Schuld. Ich kann es mir nie, selbst bei wehleidigster Stimme nicht verschweigen: Meine Trommel, nein ich selbst, brachte zuerst meine arme Mama, dann den Jan Bronski, meinen Onkel und Vater ins Grab." (S. 320)

Oskars Schuldgefühle an den Morden seiner mutmaßlichen Väter, die er zwar nicht direkt begangen, zu denen er jedoch in einer gewissen Weise beigetragen hat, stellen eine Parallele zu der Schuld des deutschen Volkes an den Naziverbrechen dar. Wobei er sich bei Jan noch zu den Nationalsozialisten, bei Matzerath gegen sie stellt, da er diesem das Parteiabzeichen gibt, *„damit er daran erstickte – an der Partei, an mir, an seinem Sohn; denn das musste ein Ende haben." (S.532)*

Kritik an der Verdrängung der Schuld übt Oskar in der Aussage:

> „Doch wie jedermann halte ich mir an Tagen, da mich ein [...]Schuldgefühl [...] drückt, meine Unwissenheit zugute, die damals in Mode kam und noch heute manchem als flottes Hütchen zu Gesicht steht." (S. 320)

In der Blechtrommel versinnbildlicht wird dies durch die „Schwarze Köchin", die sowohl für Oskars individuelle, als auch für die gesamtdeutsche Schuld steht. Diese ängstigt Oskar erst nach Matzeraths Tod und seinem damit verbundenem Wachstum und er sucht auch vor ihr Schutz in der Heil- und Pflegeanstalt.

Die Funktion der Heil- und Pflegeanstalt

Die Heil- und Pflegeanstalt habe ich unter dem Kapitel „selbstgewählte Existenz" aufgeführt, da auch die Tatsache, dass Oskar dort Insasse ist, von ihm selbst gewählt wurde, indem er Vittlar die Möglichkeit gibt ihn an dem Mord von Schwester Dorothea zu beschuldigen, den er nicht begangen hat.

Nachdem Oskar aus seiner „andauernden Dreijährigkeit" erwachsen ist, übernimmt die Heil- und Pflegeanstalt für Oskar die gleiche Funktion wie auch die Wachstumsverweigerung, nämlich eine Distanz zu seiner Außenwelt zu schaffen. Hier fühlt er sich sicher und hat, durch sein Gitterbett abgegrenzt, die Möglichkeit ungestört seine Geschichte zu schreiben.

Um sich von seiner Umwelt und der „Schwarzen Köchin" noch besser abgrenzen zu können, sagt Oskar sogar: *„Das Bettgitter möchte ich erhöhen, damit mir niemand mehr zu nahe tritt"* (S. 10)

Die Angst vor seiner Entlassung steht parallel mit seiner Angst vor der „Schwarzen Köchin". Denkbar wäre, dass Oskar, der in der Heil- und Pflegeanstalt zwar nicht wegen eines Mordes ist, den er wirklich begangen hat, diesen stellvertretend für seine wirkliche Schuld bereuen will.

So beendet er auch seine Erzählung mit

> „Fragt Oskar nicht, wer sie ist! Er hat keine Worte mehr. Denn was mir früher im Rücken saß, dann meinen Buckel küsste, kommt mir nun und fortan entgegen: [...] Ist die schwarze Köchin da? Ja – Ja – Ja!" (S. 779)

Schaubild

Folgendes selbst erstelltes Schaubild soll die einzelnen Unterkapitel zusammenfassen und Zusammenhänge verdeutlichen:

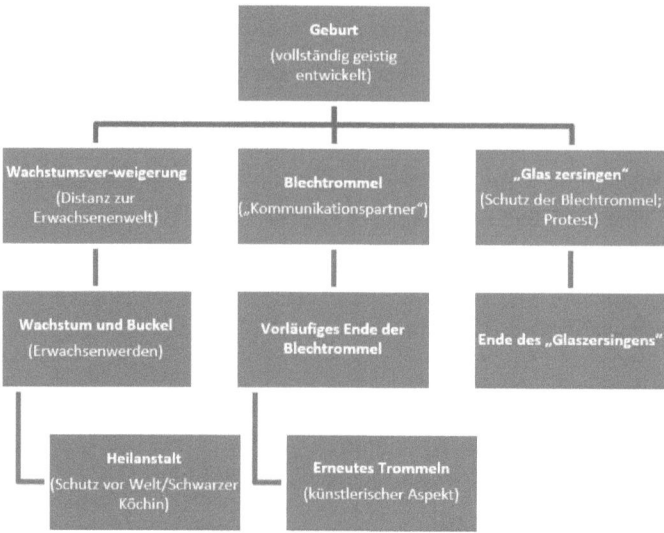

Oskars Verhältnis zu seinen Mitmenschen

In diesem Kapitel soll Oskars Beziehung zu seinen Mitmenschen verdeutlicht und auf seine zeitweilige „Unmenschlichkeit" hingewiesen werden. Da es im Rahmen dieser Arbeit nicht möglich ist, jede der zahlreichen Figuren näher zu betrachten, beschränke ich mich auf eine zusammenfassende Darstellung der wichtigsten Personen.

Familie

Oskars Familienverhältnisse sind kompliziert und von Vermutungen durchzogen. Diese betreffen jedoch mit zwei mutmaßlichen Vätern und einem mutmaßlichen Sohn nur die männliche Seite und verdeutlichen ebenso den niedrigen Stellenwert, den diese für Oskar haben.

Er bringt den Vätern nur wenig Sympathie entgegen, wünscht sich auch lediglich, dass Jan sein Vater ist, da er Alfred zumeist verachtet, weshalb er ihn vorwiegend auch nur „Matzerath" nennt und den er nach eigenen Angaben vorsätzlich getötet hatte, „*weil er es satt hatte sein Leben lang einen Vater mit sich herumschleppen zu müssen.*" (S. 531)

Eine weitaus größere Wichtigkeit für Oskar übernehmen die Mütter. So beginnt er auch seine Geschichte mit der seiner Großmutter, die als ewige Figur fungiert und unter deren Röcken er sich ähnlich geborgen fühlt wie in der „embryonalen Kopflage", nach der er sich zeitlebens sehnt.

Diese bilden den Gegensatz zur „Schwarzen Köchin" und auf seiner Flucht vor der Polizei, die eigentlich die Flucht vor selbiger ist, wünscht sich Oskar am Ende der Rolltreppe

> „an Stelle der Kriminalbeamten das Gegenteil der schrecklichen schwarzen Köchin: Meine Großmutter Anna Koljaiczek sollte dort wie ein Berg ruhen und mich und mein Gefolge nach glücklicher Auffahrt unter die Röcke, in den Berg hineinnehmen." (S. 776)

Seine Mutter verehrt Oskar und ihr Tod stellt anders als bei seinen Vätern einen herben Verlust für ihn da. Mit ihm wird Oskar der Boden unter den Füßen weggerissen, er möchte am liebsten mit ihr beerdigt werden und nennt sie fortan nur noch „meine arme Mama".

Der Schutz, den er durch sie bekommen hatte, überdauert sogar ihren Tod, da er nach Oskars Auffassung wegen ihr nicht dem Euthanasieprogramm der Nazis verfällt.

> „Es hatte mich also alle Welt verlassen, und nur der Schatten meiner armen Mama, der dem Matzerath lähmend auf die Finger fiel, wenn er ein vom Reichsgesundheitsministerium verfasstes Schreiben unterzeichnen wollte, verhinderte mehrmals, dass ich, der Verlassene, diese Welt verließ." (S. 475)

Die dritte Mutterfigur bildet Maria, die zunächst Geliebte, dann Stiefmutter, dann Ehefrau und gleichfalls Mutter seines (mutmaßlichen) Sohnes Kurt ist. Anfangs duldet Oskar nur von Maria Berührungen und sie war „*wenn ich von all den anonymen Krankenschwestern absehe, Oskars erste Liebe.*" (S. 342)

Nachbarschaft

Die Nachbarschaft im Labesweg und der näheren Umgebung spiegelt deutlich das gesamte deutsche Volk zu dieser Zeit wider und genauso facettenreich sind auch ihre Bewohner. Da gibt es unter anderem den Alkoholiker, Nazi und

Musiker Meyn, den pädophilen Gemüsehändler Greff mit seiner bettlägerigen „Schlampe", den Uhrmacher Laubschad, die frustrierten kinderlosen Schefflers, den jüdischen Spielzeugladenbesitzer Sigismund Markus (dieser allerdings nicht in direkter Nachbarschaft) und die Truczinskis.

Gemeinsam ist jedoch fast allen eine unglückliche Existenz, die neben gescheiterten Beziehungen und sexueller Frustration immer wieder den Tod beinhaltet (Greff und Sigismund Markus begehen Selbstmord, Herbert Truczinski fällt der Galionsfigur „Niobe" zum Opfer, Meyn versucht seine Katzen umzubringen...).

Auch die Kinder in der Nachbarschaft tragen nicht dazu bei Oskars Menschenbild zu verbessern. Diese zwingen Oskar eine aus Unrat, Fäkalien und Tieren gemixte „Suppe" zu essen und beweisen Oskar damit die bereits bei Kindern angelegte Lust am Quälen.

Frauen

Unter den von Oskar vielfach verehrten und geliebten Frauen (Mutter Agnes, Maria, Muse Ulla, Roswitha) nehmen vor allem Krankenschwestern eine zentrale Rolle ein und bilden gleichfalls einen roten Faden durch seine gesamte Erzählung. Sie sind für Oskar Sinnbild für Erotik und Tod (den Oskar nicht fürchtet) und die weiße Schwesterntracht bildet abermals einen Kontrast zur „Schwarzen Köchin".

> „ [...] da riet ich ihm, in mir die Schuld, in Ulla die Sühne zu sehen; meine Schuld sei offensichtlich, der Sühne könnte man das Gewand einer Krankenschwester geben." (S. 642)

Unter zahlreichen anonymen Krankenschwestern nimmt Schwester Dorothea eine zentrale Rolle ein, in die er sich verliebt ohne sie vorher gesehen zu haben und auf die im Kapitel zu Oskars Sexualität noch näher einzugehen sein wird.

Freunde

Da Oskar sich von der kleinbürgerlichen Spießigkeit abgrenzen will, sind seine Freunde zumeist ebenso wie er Außenseiter der Gesellschaft.

Bebra und Roswitha sind genauso wie er kleinwüchsig, sein Trommellieferant Sigismund Markus ist Jude, Herbert Truczinski hat einen vernarbten Rücken, Klepp bzw. Egon Münzer ist stark übergewichtig und (zumindest) anfangs von einem Leichengeruch umgeben, Schugger Leo erkennt als erster Oskars

Wachstum und die von ihm angeführte Stäuberbande kämpft „*gegen unsere Eltern und alle übrigen Erwachsenen; ganz gleich wofür oder wogegen die sind.*" (S. 491)

Oskars unmenschliche Seite

Oskar verstößt an zahlreichen Stellen gegen die Grenzen des guten Geschmacks, was allerdings nur konsequent ist, betrachtet man seine negative Haltung gegenüber der Gesellschaft. Anders als diese jedoch steht Oskar zu seinem Verhalten und überlässt es dem Leser eine Wertung vorzunehmen indem er sagt „*[...] wenn Sie bereit sind, in mir einen Menschen zu sehen [...]*" (S. 335)

Neben den zwei Abtreibungsversuchen bei Maria sind es vor allem sexuelle und „religiöse" Handlungen, mit denen er gegen moralische Werte verstößt und auf diese wird in entsprechenden Kapiteln detaillierter eingegangen.

Oskars Beziehung zu...

Nach der Betrachtung von Oskars selbst gewählter Existenz und der Beziehung zu seinen Mitmenschen sollen nun Einzelne mir wichtig erscheinende Aspekte in Oskars Leben näher betrachtet werden.

Da Oskars Verhältnis sowohl zur Kirche, als auch zum Naziregime und zur Sexualität sich von dem, was man als „normal" bezeichnen kann, deutlich abhebt, werde ich diesen jeweils ein eigenes Unterkapitel einräumen.

...der Kirche und seine diabolische Seite

Oskar wird als Kind einer „Mischehe" geboren und genauso gemischt ist auch seine Einstellung zur katholischen Kirche. Mal ist er ihr zugetan, mal wendet er sich lieber Satan zu.

Dies beginnt bereits mit seiner Taufe:

> „Widersagst du dem Satan? [...] Bevor ich den Kopf schütteln konnte – denn ich dachte nicht daran zu verzichten -, sagte Jan dreimal, stellvertretend für mich: ‚Ich widersage'." (S.174)

Somit hat Oskar hier zwar vor der Gemeinde die Taufzeremonie über sich ergehen lassen, es sich aber dennoch nicht „*mit Satan verdorben*"(S. 174).

Ebenso wie seine gegensätzlichen Lieblingsautoren Goethe und Rasputin vereint Oskar also sowohl das Göttliche als auch das Teuflische in sich.

Nach seinem ersten fehlgeschlagen Versuch dem Jesus in der Herz- Jesu- Kirche das Trommeln beizubringen, wendet sich Oskar enttäuscht von diesem ab. „Schluß mit ihm, der nicht einmal trommeln kann, der mir keine Scherben gönnt [Oskar Fähigkeit Glas zum Brechen zu bringen, sind in der Kirche Grenzen gesetzt], der mir gleicht und doch falsch ist, der ins Grab muss, während ich weitertrommeln und weitertrommeln, aber nach keinem Wunder mehr Verlangen zeigen werde."(S. 186)

Als einige Jahre später das Wunder doch geschieht und Jesus trommelt, gerät Oskar in Rage, nimmt ihm seine Trommel weg und teilt ihm mit, dass er ihn hasst. Als Jesus ihm daraufhin trotzdem den Auftrag erteilt dessen Nachfolger zu werden, steigert sich Oskars Empörung abermals. „Du bist Oskar, der Fels, und auf diesen Fels will ich meine Kirche bauen. Folge mir nach!" (S. 470)

Obwohl oder gerade weil er an seinen Vorgänger nicht glaubt, macht sich Oskar nun dennoch zum Nachfolger Jesu, indem er mit der Stäuberbande Jünger um sich sammelt. Das dies aber einem Bruch mit dem Katholizismus entspricht wird durch das Feiern einer schwarzen Messe deutlich. Hier stellt sich Oskar der Stäuberbande noch als Jesus vor, bei der Begegnung mit Schwester Dorothea jagt er dieser dann schließlich als Satan Angst ein.

Indirekte Kritik übt Oskar auch an der Verlogenheit der ritualisierten Beichte. So geht seine Mutter zwar ein Mal die Woche zur Beichte, um sich von der Schuld am Ehebruch mit Jan zu befreien, weiß aber da schon, dass sie es wieder tun wird bis ihr dies letztlich zum Verhängnis wird.

... dem Krieg bzw. dem Naziregime

Oskars Verhältnis zum Krieg und den Nazis ist einfach: Er hat keines. Zumindest bewertet er weder das eine, noch das andere jemals direkt und die zahlreichen Kriegshandlungen laufen vorwiegend nebenbei ab.

So bekennt sich Oskar zwar während der Belagerung der polnischen Post zu Polen, interessiert sich aber während selbiger und während „sich eine Granate einen Riesenspaß erlaubt[e]" (S. 301) nur dafür wie er an eine neue Trommel kommen könnte.

Die massive, das ganze Werk durchziehende Kritik am Nationalsozialismus wird nur durch die Handlung und zwischen den Zeilen deutlich. Nur sehr selten kritisiert Oskar direkt, wobei dabei auch aufgrund des Zynismus' das Gefühl aufkommt, dass hier eher Günter Grass als Oskar Matzerath spricht.

Besonders deutlich ist dies im Kapitel „Glaube Liebe Hoffnung":

> „Ein ganzes leichtgläubiges Volk glaubte an den Weihnachtsmann. Aber der Weihnachtsmann war in Wirklichkeit der Gasmann." (S.261)

Dieses Kapitel erinnert außerdem durch seinen fugenhaften Aufbau stark an Celans „Todesfuge", enthält mit seinem immer wiederkehrenden „Es war einmal" märchenhafte Versatzstücke und ist gekennzeichnet durch Oskar, der stellvertretend für das deutsche Volk etwas ständig wiederholend „nicht weiß".

> „Ich weiß zum Beispiel nicht, wer sich heute unter den Bärten der Weihnachtsmänner versteck [...] weiß nicht, wie man die Gashähne zudreht und abdrosselt, denn es strömt schon wieder Advent, oder immer noch [...]" (S. 263)

... der Sexualität

Der Blechtrommel wird von vielen Kritikern der Vorwurf gemacht, sie sei pornografisch und in der Tat lässt sich der Bereich der Sexualität in vielfachen Schilderungen Oskars finden (angedeutete und definitive Selbstbefriedigungen, Vergewaltigung, Verführung einer Nonne, Tod Truczinskis beim „Bespringen" der Galionsfigur).

Definiert man pornografische Literatur allerdings als „literarisch unqualifizierte Darstellung des Geschlechtlichen, speziell in der monotonen Addition seiner möglichen Positionen und Perversionen **zum ausschließlichen Zweck sexueller Stimulation**"[164] lässt sich der Vorwurf leicht verwerfen. Oskar hat ein distanziertes Verhältnis sowohl zu seiner eigenen, als auch zu der Sexualität, die er beobachtet und beschreibt. Seine Darstellung verzichtet abermals auf jegliche Innensicht der Figuren und ist somit auch nicht für die sexuelle Stimulation geeignet, da keine Identifizierung des Lesers mit den Akteuren stattfindet. Passend zum pessimistischen Menschenbild findet Sexualität außerhalb jeder Zwischenmenschlichkeit als bloße Triebbefriedigung statt.

> „Obgleich ich wusste, dieses abwechselnd aus Mama und Jan oder Matzerath und Mama bestehende, seufzende, angestrengte, endlich ermattet ächzende, Fäden ziehend auseinanderfallende Knäuel bedeutet Liebe, wollte Oskar dennoch nicht glauben, dass Liebe, Liebe war, und suchte aus Liebe andere Liebe und kam doch immer

---

[164] Metzler Literaturlexikon S. 359.

wieder auf die Knäuelliebe und haßte diese Liebe bevor er sie als Liebe exerzierte und als einzig wahre und mögliche Liebe sich selbst gegenüber verteidigen musste." (S.362)

Oskars eigene Sexualität erwacht mit Maria und Brausepulver, als er sich einen „*elften Finger*" bzw. „*dritten Trommelstock*" (S. 363) wachsen lässt. Obgleich er nicht auf sie verzichten möchte, hat Oskar zu seiner eigenen Sexualität ein negatives Verhältnis und empfindet sie als Störfaktor. Seinen Penis (den er niemals so betitelt) beschreibt er so: „*der mein Feind ist [...] dessen ich mich schäme [...] der mir so fremd ist, dass ich ihn siezen möchte.*" (S. 364) So ist es auch nicht verwunderlich, dass dieser ihn auf dem Kokosteppich mit Schwester Dorothea im Stich lässt, weil „*wenn Satan keine Lust hat, [...] die Tugend [siegt].*" Oskar ordnet der rein aufs körperliche bezogenen Liebe also etwas satanisches, boshaftes, sündhaftes zu, was auch erklärt, weshalb er bei Roswitha Raguna, mit der ihn eine wirkliche Liebe verbindet, auf jegliche genauere Beschreibung der Sexualität verzichtet.

Oskar Matzerath in der Literaturkritik

Im selben Maß, in dem der Roman „Die Blechtrommel" die Kritiker gespalten hat – Hans Magnus Enzensberger sagte ihr „Schreie der Freude und der Empörung"[165] voraus – polarisiert auch sein Held Oskar Matzerath.

Da steht dem „Goliath des Geistes und der Phantasie"[166] „eine allegorische Figur von schwer zu überbietender Scheußlichkeit"[167] gegenüber, ist mal

---

[165] Hans Magnus Enzensberger: Wilhelm Meister, auf Blech getrommelt. Über Günter Grass. Süddeutscher Rundfunk. Stuttgart. 18. November 1959. Abgedruckt in Neuhaus, Volker: Günter Grass. Die Blechtrommel (Stuttgart: Reclam 1997), S. 117.

[166] Kurt Lothar Tank: Der Blechtrommler schreib Memoiren. In: Welt am Sonntag. Hamburg. 4. Oktober 1959. Abgedruckt in Neuhaus, Volker: Günter Grass. Die Blechtrommel (Stuttgart: Reclam 1997), S. 103.

[167] Günter Blöcker: Rückkehr zur Nabelschnur. In: Frankfurter Allgemeine Zeitung. 28. November 1959. Abgedruckt in Neuhaus, Volker: Günter Grass. Die Blechtrommel (Stuttgart: Reclam 1997), S. 126.

„verrückteste, tolldreisteste Ausgeburt der neuesten Literatur"[168], mal „verderbter Giftzwerg"[169] oder einfach nur „totale Existenzkarikatur"[170]. In einem vereint er jedoch alle seine Kritiker: er ist keinem egal, gleichgültig ob seine Ausführungen über das „Leben in seiner nackten, heißesten, herrlichsten und hässlichsten Form, hinausgehend über alle Grenzen"[171] einen nun begeistern oder seine „Amoralität (nicht Unmoralität!) [...], [s]eine Mitleidslosigkeit, eine gläserne, mitunter belustigte, belustigende Ferne von jeglicher humanistischen Attitüde"[172] einen abstoßen, auf irgendeine Art und Weise, wird man als Leser von Oskar Matzerath automatisch zu einer Stellungnahme verpflichtet.

Von Marcel Reich-Ranicki wird Oskar folgendermaßen charakterisiert: „Oskar protestiert physiologisch und psychisch gegen die Existenz schlechthin. Er beschuldigt den Menschen unserer Zeit, indem er sich zu seiner Karikatur macht. Der totale Infantilismus ist sein Programm. Er verkörpert jenseits aller ethischen Gesetze und Maßstäbe die absolute Inhumanität."[173]

Eine eigene Stellungnahme zu diesen (nicht nur von ihm geäußerten) Vorwürfen bezüglich Oskars Inhumanität und der Frage inwieweit Oskar tatsächlich eine Karikatur ist, werde ich im Fazit geben.

---

[168] Kurt Lothar Tank: Der Blechtrommler schreib Memoiren. In: Welt am Sonntag. Hamburg. 4. Oktober 1959. Abgedruckt in Neuhaus, Volker: Günter Grass. Die Blechtrommel (Stuttgart: Reclam 1997), S.101.

[169] Peter Hornung: Oskar Matzerath – Trommler und Gotteslästerer. In: Deutsche Tagespost. Würzburg. 23./24. Oktober 1959. Abgedruckt in Neuhaus, Volker: Günter Grass. Die Blechtrommel (Stuttgart: Reclam 1997), S. 110.

[170] Günter Blöcker: Rückkehr zur Nabelschnur. In: Frankfurter Allgemeine Zeitung. 28. November 1959. Abgedruckt in Neuhaus, Volker: Günter Grass. Die Blechtrommel (Stuttgart: Reclam 1997), S. 125.

[171] Kurt Lothar Tank: Der Blechtrommler schreib Memoiren. In: Welt am Sonntag. Hamburg. 4. Oktober 1959. Abgedruckt in Neuhaus, Volker: Günter Grass. Die Blechtrommel (Stuttgart: Reclam 1997), S. 101.

[172] Joachim Kaiser: Oskars getrommelte Bekenntnisse. In: Süddeutsche Zeitung. München. 31. Oktober/1. November 1959. Abgedruckt in Neuhaus, Volker: Günter Grass. Die Blechtrommel (Stuttgart: Reclam 1997), S. 111.

[173] Marcel Reich-Ranicki: Auf gut Glück getrommelt. In: Die Zeit. Hamburg. 1. Januar 1960. Abgedruckt in Neuhaus, Volker: Günter Grass. Die Blechtrommel (Stuttgart: Reclam 1997), S. 154.

Parallelen zwischen Günter Grass und Oskar Matzerath

Auf der Suche nach der Antwort wer genau Oskar Matzerath ist, ist es besonders interessant zu schauen wie viel Günter Grass in seiner Romanfigur steckt. Parallelen zwischen beiden gibt es viele.

Literarisch zur Figur des blechtrommelnden Oskars inspiriert wurde Günter Grass durch einen dreijährigen Jungen, der eine Blechtrommel bei sich trug und von dessen Verlorenheit an sein Instrument und seiner Ignoranz gegenüber der Erwachsenenwelt er fasziniert war.

Biografisch betrachtet verbindet beide schon die Geburtsstadt Danzig, wobei der Zeitpunkt der Geburt um drei Jahre variiert (Günter Grass: 1927, Oskar Matzerath: 1924). Wie Alfred und Agnes führten auch Grass' Eltern einen Kolonialwarenladen und genau wie Oskar hält sich auch sein Autor einige Jahre in Düsseldorf auf und lernt dort Steinmetz, woran sich ein Studium an der Kunstakademie (Bildhauerei und Grafik) anschließt. Dass Oskar zum Modell für Bildhauer wird, ist also kein Zufall.

Selbst die bereits erwähnte Ähnlichkeit in der Erzählung Oskars des Kapitels „Glaube Hoffnung Liebe" zu Paul Celans „Todesfuge" lässt sich biografisch durch eine Freundschaft Grass' mit Selbigem erklären. Beide verbindet außerdem eine Affinität zu Polen, welches Günter Grass, der ebenso wie Oskar kaschubische und deutsche Vorfahren hat (stilisiert durch Oskars Lieblingsautoren Rasputin und Goethe als Ausdruck slawischer und germanischer Tradition), häufig besucht hat.

Oskars unentschlossene Haltung zur Kirche lässt sich gleichfalls in Grass' Biographie wieder finden. Beide sind aus einer Mischehe entstanden und obwohl Grass nach einigen Aussagen für sich Einiges von Bedeutung im katholischen Glauben gefunden hat, tritt er als ihm klar wurde wie sich die katholische Kirche mitschuldig an den Naziverbrechen gemacht hat, aus dieser aus.

Häufig thematisiert hat Günter Grass die enge Beziehung zu seiner Mutter, die allerdings wie Oskars „arme Mama" früh verstorben ist und woraus sich die Verehrung der Mutterfiguren in der ‚Blechtrommel' erklären lässt.

Aus diesen weitreichen biografischen Parallelen drängt sich nun förmlich die Frage auf, inwieweit sich auch charakterliche und weltanschauliche Entsprechungen finden lassen. Bereits zuvor (Oskars Verhältnis zum Krieg bzw. dem Naziregime) wurde darauf hingewiesen, dass häufig der Eindruck entsteht, dass es Grass selbst ist, der durch seine Figur Oskar Matzerath zum Leser spricht. Einen Beweis hierfür gibt Oskar, als er die Schwierigkeiten eine Geschichte zu beginnen, die auch Günter Grass hatte, der lange nach einem Anfang suchte, thematisiert:

> "Man kann eine Geschichte in der Mitte beginnen und vorwärts wie rückwärts kühn ausschreitend Verwirrung anstiften. [...] Man kann auch ganz zu Anfang behaupten es sei heutzutage unmöglich einen Roman zu schreiben, dann aber, sozusagen hinter dem eigenen Rücken, einen kräftigen Knüller hinlegen, um schließlich als letztmögliche Romanautor dazustehen. Auch habe ich mir sagen lassen, dass es sich gut und bescheiden ausnimmt, wenn man anfangs beteuert: Es gibt keine Romanhelden mehr, weil es keine Individualisten mehr gibt [...]. Für mich, Oskar, und meinen Pfleger Bruno möchte ich jedoch feststellen: Wir beide sind Helden [...]." (S. 12)

Oskar Matzerath verbindet also weite Teile seiner Biografie und ein negatives Weltbild mit seinem Autor; mehr noch Grass spricht durch seine Romanfigur zum Leser und „die Beziehung, die zwischen erlebter Wirklichkeit und ihren literarischen Abbildern entsteht, in gleicher Weise zwischen dem Schriftsteller Günter Grass und seinen Figuren, ist eine Beziehung der Spiegelung."[174]

Formales

Da es für die Sicht auf Oskars Charakter wichtig ist, die Erzählperspektive genauer zu betrachten und die Frage nach der Gattung, der man den Roman zuordnen kann, eine Bewertung der Romanfigur mit einschließt, ist eine formale Analyse bezüglich dieser Aspekte sinnvoll. Allerdings werde ich mich in ihr auf auch auf diese zwei beschränken, da eine genaue Textanalyse zum einen den Rahmen dieser Arbeit sprengen und zum anderen für das zugrunde liegende Thema nicht wichtig ist.

Erzählperspektive

In der ‚Blechtrommel' finden gleich mehrere Erzähler Platz. Neben **fremden Erzählern** (Pfleger Bruno und Vittlar) und einer **nicht näher zu definierenden Erzählfigur**, die hin und wieder als politisch-kritische Stimme in der Erzählung

---

[174] Königs Erläuterungen, Bd. 159, Günter Grass: Die Blechtrommel, S. 26.

Oskars auftaucht, wäre da, wie bereits erwähnt, der **Autor Günter Grass** selbst, der eigene Erfahrungen verarbeitet, sich aber nur selten zu Wort meldet. Daneben gibt es den **personalen Erzähler Oskar**, der Insasse einer Heil- und Pflegeanstalt ist und in der ersten Person Singular redet. Diesem fällt aber immer wieder das **Kind Oskar** ins Wort, das in der dritten Person von sich redet wie es Kinder häufig tun, sodass „sein Publikum keinen Augenblick [vergisst], dass dieses böse Genie ein Däumling ist"[175]:

> „wenn **ich** schlief, schlief **Oskar**" (S. 56)

Über beiden steht ein **auktorialer Erzähler**, der mehr weiß und teilweise berichtigend eingreift:

> „Soeben las **ich** den zuletzt geschriebenen Absatz noch einmal durch. Wenn **ich** auch nicht zufrieden bin, sollte es umso mehr **Oskars Feder** sein, denn ihr ist es gelungen, knapp, zusammenfassend, dann und wann im Sinne einer bewusst knapp zusammenfassenden Abhandlung zu **übertreiben**, wenn nicht zu **lügen**. **Ich** möchte jedoch **bei der Wahrheit bleiben**, **Oskars Feder in den Rücken fallen** und hier **berichtigen**, dass [...]" (S. 318)

So weiß der Leser nie so recht, wem er jetzt glauben soll, was Wahrheit und was Fiktion ist, wird aber bereits im ersten Wort des Romans auf diesen Zustand vorbereitet, da der personale Erzähler Oskar mit *„Zugegeben: Ich bin Insasse einer Heil- und Pflegeanstalt [...]"* (S. 9) seine Erzählung beginnt.

Gattung (Bildungsroman, Schelmenroman)

,Die Blechtrommel' ist kein klassischer Bildungsroman, „ in welchem die innere Entwicklung eines Menschen von einer sich selbst noch unbewussten Jugend zu einer allseits gereiften Persönlichkeit gestaltet wird, die ihre Aufgabe in der Gemeinschaft bejaht und erfüllt."[176] Zwar erzählt hier ein Mensch sein Leben von Kindheit an, die innere Entwicklung war jedoch schon bei der Geburt abgeschlossen.

---

[175] Jost Nolte: Oskar, der Trommler kennt kein Tabu. In: Die Welt. Hamburg. 17 Oktober 1959. Abgedruckt in Neuhaus, Volker: Günter Grass. Die Blechtrommel (Stuttgart: Reclam 1997), S. 106.

[176] Metzler Literaturlexikon S. 56.

"Ich gehörte zu den hellhörigen Säuglingen, deren geistige Entwicklung schon bei der Geburt abgeschlossen ist" (S. 52)

Da Oskar sich zum Zeitpunkt der Erzählung in einer Heil- und Pflegeanstalt befindet und die bevorstehende Entlassung ihn ängstigt, kann man auch nicht davon sprechen, dass er seine „Aufgabe in der Gemeinschaft bejaht und erfüllt". Insofern ist ‚Die Blechtrommel' mehr Parodie des Bildungsromans, indem sie in wichtigen Aspekte zwar dessen Tradition folgt, diese aber gleichfalls umgekehrt.

‚Die Blechtrommel' lässt sich ebenso und hier eindeutiger dem Schelmenroman zuordnen. Dieser Romantyp, „der meist in Ich-Form und aus der Perspektive des Helden erzählt ist [...] [charakterisiert sich durch] die Vielzahl der Schauplätze und Figuren, [...] die ungeschminkt – realistische Beschreibung von Details und die durch die Erzählperspektive vermittelte pessimistische, die Welt in Frage stellende Sicht der dargestellten Gesellschaft vom Blickwinkel des sozial Unterprivilegierten aus."[177] Oskar befindet sich in gesellschaftlicher Isolation, zeichnet sich durch ein pessimistisches Menschenbild aus und gibt realistisch, ohne Tabus die Wirklichkeit wider, was ‚Die Blechtrommel' eindeutig zum Schelmenroman macht.

Fazit

Nachdem ich nun Oskars Charakter näher betrachtet habe, erlaube ich mir ein abschließendes Urteil über ihn. Oskar ist für mich ein genialer „Moralapostel zwischen den Zeilen", der es niemals nötig hat den Zeigefinger zu erheben, um auf Missstände aufmerksam zu machen und so noch effektiver in seiner Kritik wird.

Ähnlich wie er das Glas der Schaufenster zerspringen lässt und somit die Distanz zu dem, was dahinter liegt, aufhebt, zerfallen auch die Fassaden der spießigen Bürgerlichkeit. Ein Blick hinter die Kulissen wird möglich und das wahre Ich des Menschen deutlich. Insofern bezeichne ich Oskar Matzerath nicht als Karikatur des Menschen, da dieser eher in der Rolle des Beobachters fungiert. Karikatur im Sinne einer Überzeichnung sind vielmehr die anderen Romanfiguren, deren Verhaltensweisen teilweise fast lächerlich anmuten. Zu nennen wären da zum Beispiel die Besucher der Nazikundgebung und die Menschen im Zwiebelkeller, die aufgrund von gesellschaftlichen Konventionen

---

[177] Metzler Literaturlexikon S. 413.

trotz der schlimmen Leiden während des Kriegs nicht weinen können oder dürfen und eine Zwiebel brauchen, um zu ihren Gefühlen zu stehen. Anwendung findet dies auch auf die heutige Gesellschaft, weshalb Günter Blöcker treffend bemerkt, Oskar Matzerath sei eine „gezielte Schöpfung, die dem Leser zu schaffen macht."[178] Der Mensch bzw. die Gesellschaft karikiert sich quasi selbst.

Dies hat auch über den Roman hinaus weit reichende Konsequenzen für seinen Leser. Die von Oskar erzählte Geschichte, seine Kritik am Menschen, findet auch heute noch ihre Anwendung. „Oskar drückt es anders aus, wenn er in jenem Liedchen, mit dem er sich vom Leser verabschiedet, den Schatten zitiert, der schon immer da war und der ihn und uns nicht mehr verlassen wird: ‚Du bist schuld und du bist schuld und du am allermeisten. Ist die schwarze Köchin da? Jajaja!'"[179]

Damit hat er es geschafft den Bezug zu der Welt seines Lesers herzustellen und diese zu erschüttern. Die auch heute noch gültige Verlogenheit und Doppelmoral unserer Gesellschaft und der Kirche legt er offen und manch ein Kritiker, der Oskar gnadenlos verdammt, fühlt sich vielleicht von diesem ertappt. Der getroffene Hund bellt...

---

[178] Günter Blöcker: Rückkehr zur Nabelschnur. In: Frankfurter Allgemeine Zeitung. 28. November 1959. Abgedruckt in Neuhaus, Volker: Günter Grass. Die Blechtrommel (Stuttgart: Reclam 1997), S. 126.

[179] Hans Magnus Enzensberger: Wilhelm Meister, auf Blech getrommelt. Über Günter Grass. Süddeutscher Rundfunk. Stuttgart. 18. November 1959. Abgedruckt in Neuhaus, Volker: Günter Grass. Die Blechtrommel (Stuttgart: Reclam 1997), S. 124.

Literaturverzeichnis:

Primärtext:

Grass, Günter: Die Blechtrommel. München: Deutscher Taschenbuch Verlag 1993

Sekundärliteratur:

Metzler-Literatur-Lexikon Hrsg. v. Günther und Irmgard Schweikle. Stuttgart, Weimar: Metzler 1990

Kindlers Neues Literatur-Lexikon Hrsg. v. Walter Jens. München: Kindler Verlag 1998

Neuhaus, Volker: Günter Grass. Die Blechtrommel. Erläuterungen und Dokumente. Stuttgart: Reclam 2005

Bernhardt, Rüdiger: Günter Grass. Die Blechtrommel. Königs Erläuterungen und Materialien. Band159. Hollfeld: Bange Verlag 2001

Die Blechtrommel als fiktive Autobiographie

Nina Di Nunzio

2007

Die Blechtrommel als fiktive Autobiographie

Erzähler und Erzählzeit

Günter Grass bedient sich in „Die Blechtrommel" der klassischen Form der „Ich-Erzählung"Oskar[180], der fiktiven Autobiographie.

Oskar Matzerath erzählt in einer „Heil- und Pflegeanstalt" sein Leben samt Vorgeschichte. Die Chronologie des Schreibvorgangs wird dem Leser recht gut verdeutlicht: Im September 1952 kommt es zur Verhaftung und Einweisung Oskars, woraufhin er mit dem Schreiben beginnt. Im September 1954 liegt das Buch abgeschlossen vor – an Oskars 30. Geburtstag.

Der Roman lässt sich zwei Handlungsstränge gliedern. Zum einen in Oskars Lebensbericht, welcher keineswegs mit seiner Geburt, sondern weit vorher, mit der Zeugung seiner Mutter unter dem „weiten Rock" (S.19) im Jahre 1899 beginnt und bis ins Jahr 1952, seiner Verhaftung und der daran gebundenen Einlieferung reicht. Während er in der Heilanstalt beginnt zu schreiben, liegt also ein gesamter Lebensabschnitt hinter ihm, über welchen er als Erzähler beliebig verfügen kann. Dies verdeutlicht er auch durch den Vergleich mit einem Fotoalbum:

> „Was auf dieser Welt, welcher Roman hätte die epische Breite eines Fotoalbums?"[181]

Auch die auktoriale Erzählform spielt in Betracht auf Oskar eine große

> „Das personale Erzählen geht auf der einen Seite über in die Ich-Erzählung, bei der [...] aus der Perspektive des handelnden und erlebenden Ichs erzählt wird, auf der anderen Seite berührt es sich mit auktorialem Erzählen, bei dem der Erzähler als „auctor" zurücktritt und die Szenen wie ein anonymer Beobachter schildert. Zur anderen Seite berührt sich die auktoriale Erzählung mit der Ich-Erzählung, bei der das Ich in einer ausgeprägten Erzählsituation aus zeitlicher Distanz der erzählten Welt gegenübersteht."[182]

---

[180] Bei einer Ich-Erzählung gehört der Erzähler zur Welt der Romancharaktere und hat das Geschehen selbst erlebt, beobachtet oder in Erfahrung gebracht.

[181] Grass, Günter *Die Blechtrommel*, Göttingen 1993, S.56.

[182] Neuhaus, V. *Günter Grass Die Blechtrommel*, München 1982, S. 20.

Oskar überschreitet die Grenzen zum auktorialem Erzählverhalten sehr bewusst, was durch seine Aussage

> „Niemand hätte vom Strand aus sehen können, wie Greff das Fahrrad ablegte. Fragen Sie mich bitte nicht, woher ich das weiß. Oskar wußte damals so ziemlich alles."[183]

deutlich wird. Durch diesen Wechsel der Erzählperspektive kann der Erzähler zugleich Betroffener sein, aber auch distanziert berichten.

Grass lässt seinem Erzähler einen ständigen Wechsel zwischen erster und dritter Person Singular zu. Dieser Wechsel ist kongruent mit dem Wechsel vom erzählenden und erlebenden Ich, vor allem bei den Übergängen von Erzählgegenwart und Erzählvergangenheit. Dies führt zu einer Verunsicherung des Lesers, da die grammatische Unterscheidung nicht streng beibehalten wird und auch die Vergangenheitserlebnisse stellenweise in der Ich – Form erzählt werden.

Eine andere Art der Ich – Erzählung erfährt der Leser aus Oskars Aufenthaltsberichten aus der Anstalt. Diesen Zeitraum kann Oskar nur abschnittsweise überblicken, beschreibt meist nur einige, wenige Stunden und weiß nicht was ihm die Zukunft bringt.

Hier handelt es sich um eine Art Nachtrag des Geschehenen:

> „Dies ist die Erzählsituation des Brief– und Tagebuchromans, in dem bei Beginn der Niederschrift eines Abschnitts das erzählende Ich dem erlebenden Ich jeweils um Stunden oder Tage voraus ist, während eines Schreibvorgangs das Geschehen bis an die Schreibsituation heranführt um im nächsten Brief- oder Tagebucheintrag das inzwischen Geschehe nachzutragen."[184]

Am Ende des Romans hat Oskar dem Leser sein Leben berichtet. Die gesamte Vergangenheit ist eingeholt.

Bei der Beschwörung der Schwarzen Köchin, seiner letzten Aufzeichnung, fallen Schreibvorgang und Handlung zusammen. Der Leser steht gemeinsam mit Oskar der Köchin gegenüber und blickt mit ihm in eine von ihr beherrschte Zukunft.

---

[183] Neuhaus, V. Günter Grass Die Blechtrommel, München 1982, S. 21.

[184] Neuhaus, V. Günter Grass Die Blechtrommel, München 1982, S. 21.

Perspektive und Fremdbericht als erzähltechnische Mittel

Der gesamte Roman ist geprägt von Oskars Sicht auf die Welt: Die Sichtweise eines Kleinwüchsigen, die Sicht aus der Froschperspektive. Oskar betrachtet die Welt von „unten nach oben". Diese Sichtweise stellt besonders eine entlarvende Perspektive dar, bei welcher Oskar beispielsweise unter dem Tisch sitzt und die sexuellen Gepflogenheiten der Erwachsenenwelt beobachten kann. Ein weiteres Mal sitzt er bei einer Nazi – Veranstaltung unter der Tribüne und erfährt, dass er durch seine Trommelrhytmen einen solchen Aufmarsch aus dem Gleichgewicht bringen kann, aufgrund seiner Winzigkeit entkommt nicht und nicht zur Rechenschaft gezogen wird.

Einmal im Roman kommt es zu einem „Rollenwechsel", bei welchem Oskar die Welt von „oben nach unten" betrachtet – vom Stockturm aus beobachtet er in der Vogelperspektive das Danziger Stadttheater, welches sich für ihn, von einem provinziellen Kulturbetrieb, in eine große Kaffeemühle verwandelt.

Auch Fremdberichte lässt Grass in seinen Roman einfließen.

Zum einen durch den Pfleger Bruno, zum anderen durch Vittlar. Den Fremdberichten wird die Aufgabe zuteil, die Objektivität des Erzählten für den Leser zu wahren.

Auch der Schreibstil ändert sich während der Fremdberichte. Vittlar bedient sich einer kriminologischen Terminologie, wodurch sein Bericht einer Kriminalparodie ähnelt. Bruno hingegen beschreibt Oskars Reise nach Westdeutschland

> „[...]wodurch sich der Erzähler gleichzeitig gegen eine potentielle Sentimentalität absichert. Zudem wird durch den erzählerischen Trick des Fremdberichts der Rahmen der subjektiven Selbstdarstellung mit ihrer Autosuggestion und Beschönigung verlassen."[185]

Bruno Münsterberg ist genau über Oskars Geschichte informiert, erzählt aber nicht ohne Rückversicherung:

> „[...]behauptet Herr Oskar Matzerath."[186]
>
> „Weiterhin möchte mein Patient sagen [...]."[187]

---

[185] Liewerscheidt, U. Günter Grass – Die Blechtrommel, Hollfeld 1996, S.15.

[186] Gockel, H. Grass' Blechtrommel, München 2001, S.21.

Oskar gesteht Bruno aber nicht lange die Position des Erzählers zu und übernimmt nach kurzer Zeit wieder selbst das Regiment.

Beide Berichte, der des Vittlar sowie der von Bruno, besitzen keine Korrekturfunktion, da die Personen mit einer positiven Voreingenommenheit für Oskar belastet sind.

Allerdings schafft Grass durch die Erzählung der Person Bruno eine ironische Distanz im Erzählen.

Diese wird noch deutlicher durch eine weitere Erzählfigur, welche sich eigentlich gar nicht als Figur bezeichnen lässt: Oskars Trommel.

Lässt sich Oskar von seinem Pfleger Bruno nicht belehren, ist seine Trommel diejenige, von der er sich etwas sagen lässt:

> „Es ist gar nicht einfach, hier, im abgeseiftem Metallbett einer Heil- und Pflegeanstalt, im Blickfeld eines verglasten und mit Brunos Auge bewaffneten Guckloches liegend, die Rauchschwaden kaschubischer Kartoffelkrautfeuer und die Schraffur eines Oktoberregens nachzuzeichnen. Hätte ich nicht meine Trommel[...] und hätte ich nicht die Erlaubnis der Anstalt, drei bis vier Stunden täglich mein Blech sprechen zu lassen, wäre ich ein armer Mensch ohne nachweisliche Großeltern."[188]

Die Trommel hat somit eine Mit – Autor Funktion, wodurch Grass auch noch einmal ihre Wichtigkeit für den Roman verdeutlichen kann – schließlich erzählt Oskar seine Lebensgeschichte indem er trommelt.

Aber nicht nur die Trommel, auch der Leser wird von Oskar miteinbezogen. Er appelliert an ihn und schließt ihn als Mitwisser mit ein:

> „Ich spreche wie die Aufmerksamen unter Ihnen bemerkt haben werden, von meinem Lehrer und Meister Bebra."[189]

> „Sie werden es erraten haben: Oskars Ziel ist die Rückkehr zur Nabelschnur."[190]

---

[187] Gockel, H. Grass' Blechtrommel, München 2001, S.21.
[188] Grass, Günter Die Blechtrommel, Göttingen 1993, S.23.
[189] Gockel, H. Grass' Blechtrommel, München 2001, S.22.
[190] Gockel, H. Grass' Blechtrommel, München 2001, S.22.

Auch seine Überlegungen über den weiteren Verlauf seines Lebens, nach seiner Entlassung aus der Heilanstalt, teilt er mit den Lesern, indem er sie nach ihrer Meinung bezüglich des Heiratens, Auswanderns oder des Modell Stehens befragt.

Zudem schafft Grass es zusätzlich, eine weitere Schwierigkeit der Ich – Erzählung zu behandeln:

Der Erzähler sieht seine Mitmenschen von außen, hat auf sich gerichtet aber stets einen Innenblick.

Grass aber verschafft dem Leser auch eine Außensicht auf Oskar, aber keineswegs indem er ihn vor einen Spiegel stellt und ihn sich selbst betrachten lässt.

Oskars Erscheinungsbild wird deutlich, da er vorliegende Bilder aus seiner Kindheit beschreibt:

> „Da hängt sie mir gerade, neu und weißrot gezackt vor dem Bauch. [...] Da habe ich einen gestreiften Pullover an. [...] Da stehen mir die Haare wie eine putzsüchtige bürste auf dem Kopf, da spiegelt sich in jedem meiner blauen Augen der Wille zu einer Macht [...]."[191]

Da Oskar nach seinem dritten Geburtstag sein Wachstum eingestellte und sich somit äußerlich nicht veränderte, hat diese Beschreibung für den Leser eine Gültigkeit, welche bis ins Jahr 1945 reicht.

Nach 1945 entschließt er sich allerdings zum Weiterwachsen. Dementsprechend verändert sich sein Aussehen. Um dem Leser einen aktuellen Stand zu verschaffen, lässt Grass gekonnt einen Bericht von Bruno Münsterberg einfließen:

> „Mein Patient mißt einen Meter und einundzwanzig Zentimeter. Er trägt seinen Kopf, der selbst für normal gewachsene Personen zu groß wäre, zwischen den Schultern auf nahezu verkrümmten Hals, Brustkorb und der als Buckel zu bezeichnende Rücken treten hervor. [...] Besonders wenn Herr Oskar trommelt [...] wirken seine Finger wie selbstständig und zu einem anderen, gelungeneren Körper [192]

---

[191] Grass, Günter Die Blechtrommel, Göttingen 1993, S.70.
[192] Grass, Günter Die Blechtrommel, Göttingen 1993, S.563.

Die Blechtrommel – ein Schelmenroman mit Kennzeichen der Satire

In seinem Roman kritisiert Grass das NS-Regime, allerdings ohne jede Spur von Hass. Angesichts der Gesellschaft von 1945 nutzt Grass einen satirischen Schreibstil. Dieser verlangt einen distanzierten Blick des Betroffenen. Betroffen deshalb, da ansonsten nicht überzeugend geschrieben werden kann und distanziert, weil sonst keine Satire möglich wäre.

Die Distanz besitzt Oskar allemal, Grass hingegen ist Betroffener.

Der Autor nutzt die Form des Schelmenromans, welche sich besonders gut mit der satirischen Absicht vereinbaren lässt.

Ein Schelmenroman läst sich anhand verschiedener Aspekte beschreiben:

> „Er spielt in der Gegenwart und der Welt der Soldaten, Krämer, Quacksalber, Schausteller[...]. Er ist die Lebensgeschichte eines jungen Burschen, von diesem selbst in der Ich – Form erzählt[...], um sein Glück zu machen oder wenigstens sein Leben zu fristen, sich mit viel List und wenig Skrupel dem Zufall auszuliefern[...]. Er will schonungslos demaskieren, desillusionieren oder aber die Wirklichkeit da aufsuchen, wo sie nackt am Tage liegt. So wie der Held am Anfang unfreiwillig in das Leben gestoßen worden ist, so tritt er am Ende, aber diesmal freiwillig wieder aus. Die Erzählung zerfällt in Episoden, von denen jede, wie die Glieder einer Kette, nur an ihrem Rande mit der benachbarten verknüpft ist."[193]

Allerdings nutzt Grass die Satire, welche als Spottdichtung, die mangelhafte Tugend oder gesellschaftliche Missstände anklagt[194], nicht im typischen literaturwissenschaftlichen Sinne.

Er nutzt sie in Anlehnung an Friedrich Schillers Aussage:

> „ In der Satire wird die Wirklichkeit als Mangel dem Ideal als der höchsten Realität gegenübergestellt."[195]

Schiller beschreibt die Satire als Ausdruck der Missverhältnisse zwischen dem Ideal und der Wirklichkeit.

---

[193] Gockel, H. Grass' Blechtrommel, München 2001, S. 62.
[194] www.wikipedia.de.
[195] www.3sat.de.

Durch das „gegen antrommeln" von Oskar, beschreibt Günter Grass die Wirklichkeit als Gegenstand der Abneigung.

Um dies zu verdeutlichen nutzt er Karikaturen, Entlarvungen verbunden mit Spott oder auch die schonungslose Darstellung des Kleinbürgertums.

Ein weiteres wichtiges Merkmal des Schelmenromans weisen die einzelnen Erzählepisoden des Romans auf. Diese sind meist in sich geschlossen und behandeln eine bestimmte Thematik, auf welche durch die Kapitelüberschrift verwiesen wird.

Faschismus

„Die Blechtrommel" verknüpft Günter Grass mit einer Vielzahl episodischer Verkleidungen zeitgeschichtlicher sowie zeitkritischer Anspielungen. Die ersten Kriegsereignisse werden aus der Sicht Oskars dargestellt, der mit seinem mutmaßlichen Vater, Jan Bronski, die polnische Post besucht.

Weitere Geschehnisse werden durch Radioberichte geschildert. Oskar selbst nimmt aktiv am Kriegsgeschehen teil, während seiner Zeit in Bebras Fronttheater. Durch den Tod Roswithas werden die Verluste sowie das Leiden der Zeit dargestellt. Auch Oskars Heimatstadt Danzig wird von Bombenangriffen zerstört. Er selbst beobachtet dies vom Dachboden aus, auf welchem er seine Blechtrommel verstecken will.

Grass beschreibt in seinem Roman, dass gerade das Kleinbürgertum in Deutschland eine große Mit – Schuld am Ausarten des Faschismus trägt. Diese passten sich bereitwillig einer Ideologie an, welche ihnen ökonomische Vorteile, als auch Nationalstolz versprach. Er nutzt die Figur des Alfred Matzerath, um den typischen deutschen Kleinbürger dieser Zeit zu zeichnen. Dieser ist sehr schnell bereit ein Bild Beethovens über dem Klavier abzunehmen, um es durch ein Hitler Bild zu ersetzen. Grass schuf eine „finstere Konstellation"[196], indem sich das Bild Hitlers und das des Genies Beethovens von nun an gegenüber hingen. Diese Konstellation soll verdeutlichen, dass der deutsche Kleinbürger sich sowohl der Klassik oder Symphonien erfreuen konnte und dennoch sehr bereitwillig den Arm zum Hitler – Gruß hob. Auch den Wunsch nicht als Außenseiter zu gelten und alleine zu stehen verkörpert Alfred Matzerath. Durch die braune Uniform wurde er zum Teil einer Gruppe.

---

[196] Gockel, H. Grass' Blechtrommel, München 2001, S. 79.

Auch der Gemüsehändler Greff wird von Oskar beschrieben, welcher nicht aus Überzeugung, sondern aus Angst als Pädophiler erkannt zu werden, in die Partei eintritt.

Ähnlich auch das kinderlose und vom Leben gelangweilte Ehepaar Scheffler, welches sich dem Regime anschließt, um neuen Schwung in ihr Leben zu bringen. Sie engagieren sich im Winterhilfswerk und gewinnen neue „Kraft durch Freude" auf ihren jährlichen Reisen mit der Partei, bei welcher sie letzten Endes auch umkommen.

Grass beschreibt in seiner Kritik typische Einzelschicksale des deutschen Kleinbürgertums, welche im aufkommenden Nationalsozialismus die Chance auf ein neues Leben sahen. Diese Einzelschicksale stehen exemplarisch für den Großteil des deutschen Kleinbürgertums um 1945.

Der Autor lässt aber auch andere Figuren auftreten, wie den Liliputaner Bebra. Dieser gehört auch zu jenen, der sich der Bewegung anpasst, allerdings aus anderen Beweggründen als die bisher genannten. Bebra erläutert Oskar die Not seines Mitläuferdaseins, da er sonst der Euthanasie zum Opfer fallen würde. Anders als seine Mitläuferkameraden, wie Alfred Matzerath, durchschaut Bebra das System und handelt aus Not zur Selbsterhaltung:

> „Oskar, stelle dich niemals vor die Tribüne. Unsereins gehört auf die Tribüne."[197]

Oskar sitzt allerdings weder auf der Tribüne, noch steht er davor. Er sitzt während einer Nazi – Kundgebung unter den Bänken und verwandelt, als versteckter Trommler, die Viertakt – Musik des Marsches in einen Dreitakt – Walzer mit Volksfest Charakter.

Dieses Bild stellt die Kongruenz von militantem Ordnungsbedürfnis des Kleinbürgertums einerseits und ganzjähriger Schützenfestatmosphäre, verbunden mit Aufmärschen, anderseits dar, welche das nationalsozialistische Erscheinungsbild prägten.

Auch die Judenverfolgung wird, am Tod des Spielwarenverkäufers Sigismund Markus, thematisiert. Hier verdeutlicht Grass die Nicht – Betroffenheit, die Distanz des Kleinbürgertums am Beispiel des Protagonisten Oskars. Dieser zeigt sich ausschließlich betroffen am Tode Markus in seiner Eigenschaft als Trommelkonsument:

---

[197] Grass, Günter Die Blechtrommel, Göttingen 1993, S.149.

„ Ich sorge mich um meine Trommeln."[198]

Das Entsetzen und Grauen sowie trauernde Reaktionen werden hier nicht beschrieben, sondern weichen dem schwarzen Humor des Erzählers.

In dem Kapitel „Glaube – Hoffnung – Liebe" treten „religiöse Frauen und frierende häßliche Mädchen"[199] auf, welche repräsentativ, als auch provokativ die Unschuld verkörpern sollen.

Das Ende der NS-Zeit wird am Ersticken des Vaters Matzerath an seinem Parteiabzeichen dargestellt, welcher daraufhin von einem russischen Soldat erschossen wird. Alfred Matzerath erstickt regelrecht an seiner Partei. Den Todeskampf seines Vaters betrachtet Oskar nüchtern, wodurch erneut eine Distanz zum Geschehen, sowie eine Art Anklagefunktion geschaffen wird.

Grass spricht in seinem Roman weder von Hitler, noch von Auschwitz.

Er spricht aber vom Gasmann, welcher sich als Weihnachtsmann verkleidet hat und ein ganzes, gutgläubiges Volk mit dem Glauben an sich überzeugen konnte.

---

[198] Grass, Günter Die Blechtrommel, Göttingen 1993, S.260.
[199] Grass, Günter Die Blechtrommel, Göttingen 1993, S.261.

Literaturverzeichnis

Primärliteratur:

Grass, Günter: Die Blechtrommel, Roman. Göttingen 1993, Steidl Verlag Erstveröffentlichung: Neuwied 1959

Sekundärliteratur:

Gockel, Heinz: Meisterwerke kurz und bündig – Grass' Blechtrommel. In: Oskar, der Erzähler. Seite 16, Seite 22, In: Wilhelm Meisterchen und Schelmenroman. Seite 62, In: Faschismus. Seite 79, 2001 Piper Verlag, München

Liewerscheidt, Ute: Blickpunkt Text im Unterricht – Die Blechtrommel, Kommentare, Diskussionsaspekte und Anregungen für produktionsorientiertes Lesen. In: Einführung in den Roman als literarische Gattung. Seite 15, 1996 Joachim Beyer Verlag, Hollfeld

Neuhaus, Volker: Günter Grass Die Blechtrommel- Interpretationen. In: Zeitverhältnisse des Erzählens. Seite 20 – 21, 1982, R. Oldenburg Verlag GmbH, München

Internetdokument

Wikipedia, Die freie Enzyklopädie http://de.wikipedia.org/wiki/Satire, 16.03.2007

3sat – anders fernsehen, Friedrich Schiller – Ideal und Wirklichkeit. Zum 200. Todestag des Dichters. http://www.3sat.de/3sat.php?http://www.3sat.de/specials/78399/index.html 16.03.2007

Die Belchtrommel – Zur Kritik von Marcel Reich-Ranicki

Linda Neuhaus

2004

Einleitung

Kritiken zum Roman Welterfolg „Die Blechtrommel" von Günther Grass hat es viele gegeben. Die berühmteste, aber auch die mit Sicherheit umstrittenste Kritik stammt vom populärsten Literaturkritiker unserer Zeit, Marcel Reich-Ranicki. Sie wurde 1960 in „Die Zeit" veröffentlicht und löste weltweit heftige Diskussionen aus. Unverständnis war die Reaktion vieler Leser und Kritiker, die Grass' Blechtrommel als eine der größten literarischen Sensationen des Jahres 1959 und als unentbehrliches Werk der Nachkriegsliteratur feierten.

Bis heute stört die damals publizierte und gewagte Kritik Reich-Ranickis empfindlich die Beziehungen zwischen dem Kritiker und Grass, der sich durch diese angegriffen und falsch beurteilt fühlte. Folgender, vielleicht sogar der aussagekräftigste Auszug einer etwas relativierenden Nachfolgekritik Reich-Ranickis im Jahre 1963 soll in dieser Arbeit kritisch erläutert und diskutiert werden:

> „Oskar protestiert physiologisch und psychisch gegen die Existenz schlechthin. Er beschuldigt den Menschen unserer Zeit, indem er sich zu seiner Karikatur macht. Der totale Infantilismus ist sein Programm. Er verkörpert jenseits aller ethischen Gesetze und Maßstäbe die absolute Inhumanität."[200]

Diese Arbeit soll sich mit der Frage beschäftigen, inwieweit diese Ansicht von Marcel Reich-Ranickis dem Werk „Die Blechtrommel" wirklich gerecht wird. Wie die Kritik vorgibt, werden sich meine Erläuterungen auf die Hauptperson des Schelmenromans, Oskar Matzerath, konzentrieren. Zu diesem Zweck soll in erster Linie werkimmanent gearbeitet und Sekundärliteratur nur ansatzweise miteinbezogen werden, um die Aussage Marcel Reich-Ranickis zu überprüfen. Um den Rahmen der Arbeit einzuhalten, werde ich nur die Textstellen des Werkes herausgreifen, die mir am wichtigsten erscheinen, um meine Erläuterungen zu belegen, und mich weitgehend auf der Interpretationsebene bewegen.

Mein Vorgehen, die vorliegende Kritik Stück für Stück zu erläutern, geht mit ihrer Chronologie einher. Zuerst soll danach gefragt werden, worin der Protest der Hauptfigur Oskar Matzeraths besteht. Im zweiten Teil der Arbeit soll

---

[200] Reich-Ranicki, Marcel: Auf gut Glück getrommelt. In: Die Zeit vom 01.01.1960 (Hamburg).
Abgedruckt in: Neuhaus, Volker: Günter Grass. Die Blechtrommel. (Stuttgart: Reclam 1997).

ersichtlich werden, ob und in wiefern Oskar als Karikatur des modernen Menschen gesehen werden kann. Im Anschluss daran werde ich mich mit seinem Infantilismus beschäftigen und die vorgeworfene Unmenschlichkeit des Erzählers hinterfragen. Zum Schluss folgt ein Fazit, dass resümierend alle beleuchteten Aspekte noch einmal in einen Zusammenhang bringt, um die Kritik umfassend zu erläutern und Stellung zu beziehen.

Oskars Protest

Marcel Reich-Ranickis Kritik wirft die erste große Frage auf, ob und in welcher Art und Weise Oskar physisch und psychisch gegen die Existenz schlechthin protestiert.

Kann man dieser These eindeutig zustimmen? Auf diese Frage will ich in diesem ersten Punkt meiner Arbeit eine Antwort finden.

Oskar protestiert in vielerlei Hinsicht gegen eine Existenz in einer Welt der Immoralität, des Scheins, der Lüge, des Betrugs und in einer Kriegswelt der verbrecherischen Nazis.

Wie Oskar sich gegen die Welt, in der er lebt, auflehnt und worin der Grund seines Protests besteht, will ich näher erläutern um die These Reich-Ranickis zu hinterfragen.

Selbst gewählte Existenz

Oskar protestiert physiologisch und psychisch gegen eine Welt, in der er nicht mehr wachsen will. Da er als geistlich voll entwickeltes Baby auf die Welt kommt (S.52) „Ich gehöre zu den Hellhörigen Säuglingen, deren geistige Entwicklung schon bei der Geburt abgeschlossen ist und sich fortan nur noch bestätigen muss."[201], entschließt er sich im Alter von drei Jahren zu einem Treppensturz, um der Erwachsenenwelt einen Grund dafür zu liefern, warum er sein Wachstum mit 94 cm einstellt und bis zu seinem 21. Lebensjahr ein kleiner Gnom bleiben wird. Nach Kriegsende und dem Tod seines möglichen Vaters Alfred Matzerath entschließt er sich, sein Wachstum auf 1.23m fortzusetzen (S.533). Da er dieses Schicksal selbst wählt, hat er in frühester Kindheit bereits

---

[201] Grass, Günter: Die Blechtrommel. (München: DTV Verlag [6]1997), S. 52.
Anmerkung der Autorin: Für die folgenden Zitate des Primärtextes erfolgen keine Fußnoten. Sie sind durch die Satzzeichen der wörtlichen Rede oder Klammern gekennzeichnet und mit einer Seitenzahl in Klammern versehen, die die explizite Stelle im Primärtext angibt.

erkannt, dass er in einer schlechten Welt lebt, die er in einem normalen Menschendasein nicht ertragen kann. (S.72) „Von Anfang an war mir klar: Die Erwachsenen werden dich nicht begreifen (...)." Oskars selbst gewählter Wachstumsstop ist sein erster und zugleich auch größter Protest gegen diese Welt, weil er mit ihm sein Schicksal selbst festlegt, die Welt zeit seines Lebens von unten zu sehen, mit den Augen eines Kindes

- eines Liliputaners – den keiner in der „Erwachsenenwelt" richtig ernst nimmt und von dem angenommen wird, dass er nichts versteht.

Nur mit dieser Fassade und durch diesen Blickwinkel fällt ihm die einmalige Chance zu, die schlechte Welt, in der er lebt, als stiller Beobachter distanziert zu sehen, so wie jemand, der außen vor steht, aber trotzdem auch in gewisser Hinsicht Teil dieser Welt ist.

Der Leser hat den Eindruck, Oskar sei nur physisch in dieser Welt vertreten. Er beschreibt alle Erlebnisse als auktorialer Erzähler nüchtern, distanziert und sehr selten emotional.

Ein gutes Beispiel hierfür ist die Beschreibung des Selbstmordes seines Nachbarn Greff. (S.412) „Greffs Anblick normalisierte sich in mir; denn im Grunde ist die Körperstellung eines hängenden Mannes genauso normal und natürlich wie etwa der Anblick eines Mannes, der auf den Händen läuft."

Den Tod seiner eigenen Familienmitglieder, die alle vor ihm sterben, beschreibt er gefühllos, (S. 518 „Während mein mutmaßlicher Vater die Partei verschluckte und starb, zerdrückte ich (...) zwischen den Fingern eine Laus, die ich (...) kurz zuvor abgefangen hatte."), genauso wie die schrecklichen Ereignisse, die in der Kriegszeit um ihn herum passieren; z.B. als seine Großmutter stirbt. (S.509 Da Mutter Truczinski sich „aber während des Bombenangriffs in ihrem Stuhl verkrampft hatte und nur mit angezogenen Knien im Sarg liegen wollte", mussten wir ihr „beide Beine brechen, damit der Sarg vernagelt werden konnte.")

Durch seine selbst gewählte Existenz hält Oskar die Distanz zur Welt, die seinen Protest markiert, kein Teil von ihr sein zu wollen. Er will weder an der Welt teilnehmen, so wie sie ist, noch sie verbessern. Er beobachtet lediglich und das mit schonungslosester Brutalität. Dies ist durch den ganzen Roman hindurch spürbar.

Reich-Ranickis These ist durchaus berechtigt. Oskar protestiert physiologisch, da er nicht mehr wachsen will und seine Existenz aus Protest selbst bestimmt. Psychisch protestiert er, weil er sich nicht in Gesellschaft und in die Erwachsenenwelt integrieren will.

Doch wo sind die Gründe seines Protestes zu suchen und in welchen konkreten Formen äußert sich sein Protest? Um eine Antwort auf diese Frage zu finden, muss man die Welt Oskars näher untersuchen.

Die Welt Oskars

Was ist es für eine Welt, in der Oskar lebt, und warum hat er sich so früh entschlossen, kein normaler Teil von ihr zu sein?

Seine nächste Umwelt, seine eigene Familie, präsentiert ihm ein Bild, das Oskar immer wieder bestätigt, dass diese Welt schlecht ist und dass es sich lohnt, an ihr nicht so teilzunehmen, wie es alle anderen tun. Seine Mutter Agnes lebt den Schein einer guten Ehefrau und Mutter in einer kleinbürgerlichen Ehe mit ihrem Mann Alfred, den sie nicht liebt. Stattdessen liebt sie ihren Cousin und hat eine leidenschaftliche Affäre mit ihm. „Oskar weiß nicht, wen von diesen beiden er als seinen Vater zu betrachten hat, vermutet aber wohl mit Recht, er sei die Frucht der ehebrecherischen Beziehung."[202] Er ist ständig hin und her gerissen zwischen zwei Vaterfiguren, was ihn zermürbt. Er beobachtet das sündhafte Treiben seiner Mutter als ihr kindlicher stiller Voyeur unter dem Deckmantel des autistischen Gnoms; wie sie ihre Triebe und heimlichen Wünsche in ihrer Affäre hemmungslos und manchmal schon dreist auslebt. Gleichzeitig versucht sie immer wieder, ihr schlechtes Gewissen zu beruhigen, indem sie regelmäßig in die Kirche zum Beichten geht. Agnes pendelt zwischen der Ehe, die ihr Sicherheit gibt, und zwischen ihren heimlichen Sehnsüchten hin und her und kann diesem Teufelskreis nicht entkommen. Es ist der Teufelskreis des Kleinbürgertums, in dem sie gefangen ist, und an dem sie verzweifelt. Agnes leidet sehr unter den moralischen Anforderungen der Gesellschaft, die an sie gestellt werden, da sie ihnen nicht entspricht und nicht entsprechen kann. Oskar beobachtet, dass sie immer damit beschäftigt ist, dem guten Bild einer jungen Frau und Mutter hinterherzulaufen. Dies behindert ihr ganzes Leben, ihre Liebe, die Liebe zu ihrem Sohn Oskar, dessen sie sich manchmal schämt und bereitet ihr permanent ein schlechtes Gewissen, Selbstzweifel und Vorwürfe. Nicht

---

[202] Geiger, Hans-Ludwig: Alarm auf einer Blechtrommel. In: Evangelischer Literaturbeobachter vom Dezember 1959 (München).

zuletzt ist Oskar der Grund, der sie ebenfalls behindert, nicht das Bild von sich zeigen zu können, dass von ihr erwartet wird. Mit einem kleinen zurückgebliebenen Zwerg als Sohn, von dem keine Schulkarriere erwartet werden kann, der nicht kommuniziert und der nur ruhig ist, wenn er seine Blechtrommel in den Händen hält; der später von den Nazis auf das Euthanasieprogramm gesetzt wird, weil er in ihren Augen nicht lebensfähig ist, wie soll sie mit diesem Sohn das Bild einer guten Mutter abgeben? Sie schämt sich oft an seiner Seite und nicht zuletzt benutzt sie ihren Sohn als Alibi für ihre ehebrecherischen Aktivitäten.

An seiner Mutter zeigen sich Oskar folglich die schlechten Seiten dieser Welt auf: Immoralität, Ehebruch, Egoismus, Lüge, Betrug, eine Welt des Scheins und des unzufriedenen Seins. Für ihn ist sie das Paradebeispiel der schlechten Tugenden, die die Welt regieren, und an denen er nicht teilhaben will.

Er schützt sich vor der bösen Welt des Scheins, des Kleinbürgertums, und vor einer Welt, die durch die Nationalsozialisten regiert wird, nicht nur durch seine selbst bestimmte Existenz, sondern auch durch seine gewählten Kommunikationsformen mit der Außenwelt: Seine Trommel und seine Eigenschaft des so genannten Glaszersingens, um die es im Folgenden gehen soll.

Die Blechtrommel und das Glaszersingen

Der einzige Kontakt, den Oskar – besonders in seiner Kindheit – zu seinen Mitmenschen und seiner Umwelt hat, erfolgt durch die Trommel und durch seine Fähigkeit, durch Schreie Glas zum Platzen zu bringen. Diese beiden Kommunikationsformen, die Oskar selbst wählt, markieren den Protest gegen eine schlechte Welt, die Oskar seit seiner Geburt als stiller Beobachter in ihrer Mannigfaltigkeit erlebt.

Günter Grass hat seinen Roman „Die Blechtrommel" genannt. Sie steht im Mittelpunkt des Werkes, weil sie den Erzähler Oskar Matzerath ständig begleitet und ein fundamentaler Bestandteil seines Lebens und seiner Lebensweise ist. Sie ist Ausdruck seines Protestes gegen die menschliche Existenz und gegen die Welt, in der Oskar lebt, gegen die Menschen in dieser Welt und ihrer Lebensweise während des zweiten Weltkrieges und in der Nachkriegszeit.

Oskar trägt die Blechtrommel immer bei sich und will sie nicht einen Moment hergeben. Wenn die Erwachsenenwelt versucht, sie ihm zu entreißen, zerstört er Glas mit einem gellenden Schrei. (S.75) „(...) denn wenn mir die Trommel genommen wurde, schrie ich." Das Trommeln und das Glaszersingen als ihr Verteidigungsinstrument sind untrennbar mit einander verbunden. Nur durch deren Kombination schafft Oskar eine Distanz zwischen ihm und der Erwachsenenwelt, gegen die er mit seinem Instrument und dem Schrei protestiert.

Oskar wird von seiner Mutter Agnes zum dritten Geburtstag eine Blechtrommel versprochen. (S. 52) „ (…) wenn der kleine Oskar drei Jahre alt ist, soll er eine Blechtrommel bekommen."

Oskar kann diesen Moment kaum erwarten, da er nur mit einer Blechtrommel einen Sinn in seinem Leben sieht. Er kommuniziert nicht, sondern gibt seine seelischen Empfindungen meisterhaft auf seiner Trommel wieder. Sie ist der Spiegel seiner Seele und seiner Empfindungen. (S.209) „(…) ich ließ im Sterbezimmer meiner Mama noch einmal das Idealbild ihrer grauäugigen Schönheit auf dem Blech zur Gestalt werden."

Dieser Spiegel reflektiert allerdings nur ihn, und nur er kann sich in ihm wahrnehmen. Die Außenwelt weiß seine Trommelschläge nicht zu deuten. Als Oskar eingeschult wird, wird seine Lehrerin, die seine „Musik" nicht versteht, Opfer seines Geschreis.

(S. 100) „Aber die Spollenhauer bemerkte die Unterschiede nicht. Ihr war alle Trommelei gleich zuwider." Für Menschen wie seine Lehrerin ist seine Trommelei nur störend und unnütz. Diese Menschen wirken in seiner Betrachtung daher dumm, weil sie das Leben, so wie er es versteht, einfach nicht begreifen können.

Oskars Trommel ist somit auch ein Protest gegen die Dummheit und Oberflächlichkeit der Menschen, die viele Dinge nicht zu deuten wissen, keine Sensibilität beweisen und in ihrem Alltagsleben und ihren Vorstellungen einfach dem Leben hinterher trotten, so wie die Mitläufer der Nazis. Die Inkarnation letzterer findet sich in seinem mutmaßlichen Vater Alfred Matzerath, der in die Partei eintrat, weil es gerade alle taten – wie so viele Mitläufer zu dieser Zeit.

Oskar drückt seinen Protest gegen die Menschen aus, die sich keine Fragen stellen und die dumm bleiben, weil sie ihr vorgeformtes Schicksal fatalistisch hinnehmen und starre gesellschaftliche Strukturen zu ihrem Programm machen, wie im obigen Beispiel seine Lehrerin Frau Spollenhauer, wie aber auch sein mutmaßlicher Vater Alfred. Der Erzähler will mit seiner Trommel die Menschen zur Selbsterkenntnis bewegen. Auch demonstriert er mit ihrer Hilfe die Beeinflussbarkeit und Schwäche der Menschen und wie einfach es ist, sie mit bestimmten Mechanismen zu verführen. Eine Maikundgebung der Nationalsozialisten wird durch Oskar aufgelöst. (S. 147-156) Es gelingt Oskar mit seiner Trommel „die offiziellen Trommler" der Kundgebung „durcheinander zu bringen, die statt der vorgeschriebenen Marschrhythmen schließlich einen Charleston trommeln, wodurch die ganze Kundgebung kläglich zusammenbricht."[203] Diese Situation zeigt deutlich, dass Oskar hier in der Rolle des Widerstandskämpfers ebenfalls mit seiner Trommel gegen die Nationalsozialisten protestiert. „Die braune Macht, die sich da anschickt, Europa zu überfallen, ist nichts als lächerlich."[204]. Sie ist dem Trommler Oskar unterlegen. (S. 155) „Sie fanden Oskar nicht, weil sie Oskar nicht gewachsen waren."

Sein Glaszersingen ist ebenfalls ein Mittel zum Protest gegen die Außenwelt. Es fungiert gleichwohl als Kommunikationsinstrument. Obwohl Oskar nicht oder nur sehr selten verbal kommuniziert, dient das Glaszersingen dazu, sich gegenüber der normalen Welt durchzusetzen und so seine Existenz in der Welt zu beweisen. (S.475 „ (...) mir jedoch war Oskars Stimme über der Trommel ein ewig frischer Beweis meiner Existenz; denn solange ich Glas zersang, existierte ich, solange mein gezielter Atem dem Glas den Atem nahm, war in mir noch Leben." In der Familie, in der Schule, und auch gegen seine Altersgenossen setzt er sich mit seinem glastötenden Schrei durch und verschafft sich Respekt und Ruhe.

Das Glaszersingen und die Trommel dienen dazu, die Menschen zu verführen und sich einen Spaß daraus zu machen, ihre Schwäche und Dummheit zu beobachten, aber auch auszunutzen. (vgl. S.169) „(...) „du hast den Leuten vor den Schaufensterscheiben geholfen, sich selbst zu erkennen", und „manch solid elegante Dame, manch braven Onkel" zum Dieb gemacht. In dieser Rolle des Verführers der Menschen stellt sich Oskar über sie und macht sich über ihre Schwäche lustig.

Allgemein ist zu sagen, dass die Trommel und das Glaszersingen beide als physischer und psychischer Protest gegen die Existenz des Menschen fungieren. Durch beide Eigenschaften markiert Oskar die Distanz zu den anderen Menschen, denen er sich überlegen fühlt.

---

[203] Reich-Ranicki, Marcel: Auf gut Glück getrommelt. In: Die Zeit vom 01.01.1960 (Hamburg).

[204] Nolte, Jost: Oskar, der Trommler, kennt kein Tabu. In: Die Welt vom 17.10.1959 (Hamburg).

Er nimmt nicht an ihrer Dummheit und an ihrer Schwäche teil, sondern symbolisiert mit seiner Blechtrommel und seinem glastötenden Schrei den absoluten Widerwillen, zu den anderen Menschen zu gehören.

Beide Eigenschaften markieren den starken Protest und begründen die Sonderstellung des Erzählers. Die These von Reich-Ranicki ist also als richtig zu beurteilen.

Jedoch protestiert Oskar laut dem Kritiker gegen „die Existenz schlechthin". Diese Auffassung muss kritisch hinterfragt werden, da Oskar dem Leben und der menschlichen Existenz durchaus gute Seiten abgewinnt. Seine Mutter liebt er sehr, genauso wie Maria Truczinski, mit der er vermutlich ein Kind zeugt und der er besonders „prickelnde Momente" verdankt. Auch mit seiner Geliebten Roswitha verbringt er während seiner Arbeit als Artist im Zirkus eine sehr schöne Zeit und schätzt sie sehr. Er entdeckt seine Vorliebe für das praktische Arbeiten und macht eine Ausbildung als Steinmetz. Später findet er viel Gefallen an der Kunst, weshalb er sich als Aktmodell der Kunstakademie zur Verfügung stellt. Er liebt die Jazzmusik und Auftritte mit seiner Band im Zwiebelkeller.

Dies alles beweist, dass sich der Protest Oskar Matzeraths nicht auf die ganze menschliche Existenz bezieht, sondern dass er vor allem das Gesellschaftsleben an sich und die Lebenseinstellung der Menschen seiner Zeit kritisiert.

Oskar, die Karikatur des Menschen?

Weiter fährt der Kritiker Reich-Ranicki mit seiner These fort, die Hauptfigur des Romans beschuldige den Menschen der heutigen Zeit, in dem sie sich zu seiner Karikatur mache.

In wiefern ist Oskar Matzerath eine Karikatur des Menschen unserer Zeit? Im letzten Punkt habe ich bereits herausgestellt, was Oskar von anderen Menschen unterscheidet. Nun gilt es herauszufinden, was er mit dem modernen Menschen gemein hat.

Zum einen tritt immer wieder seine absolute Ich-Bezogenheit und sein Egoismus an den Leser heran, den er mit dem modernen Menschen gemein hat. Der Egoismus beschränkt sich oft auf Oskar und seine Bedürfnisse, vor allem, wenn es um eine neue Blechtrommel geht. Dieser Egoismus wird sogar dermaßen übersteigert, dass Oskar sogar seinen „mutmaßlichen" Vater Jan Bronski für eine neue Blechtrommel opfert, indem er ihn in die polnische Post führt.

(S.299). Als die Post erstürmt wird, erfasst ihn nur der eine Gedanke, wie er seine Blechtrommel in einem Gewirr von Sterbenden und Verletzten retten kann. Er stellt eine Karikatur des absolut Ich-Bezogenen Egoisten dar, der in vielerlei Hinsicht nur an sich und seine Bedürfnisse denkt. Er gesteht sich erst im Laufe seines Erzählens ein, dass er Jan Bronski, Alfred Matzerath und seine eigene Mutter ins Grab gebracht hat. (S.531) Oskar gestand „es sich ein, dass er Matzerath vorsätzlich getötet hatte, (…) auch weil er es satt hatte, sein Leben lang einen Vater mit sich herumschleppen zu müssen."

Er repräsentiert hier die Berechenbarkeit und Grausamkeit des Menschen, auf die ich aber noch, im Zuge der Analyse der Inhumanität der Figur Oskar Matzerath, noch näher eingehen werde.

Es wird offensichtlich, dass Oskar kein durchweg positiver Romanheld ist. Er lügt und betrügt, vor allem sich selbst. Er verführt andere Menschen zum Kriminalismus, nutzt ihre Schwächen aus und macht sich damit über die Menschen lustig. Mit diesen Charakteristiken verkörpert er alle Eigenschaften des schlechten modernen Menschen: Egoismus, Unehrlichkeit, Unverschämtheit, die Fähigkeit zum Betrug, die absolute Berechenbarkeit und Grausamkeit.

Obwohl Oskar versucht, sich mit den oben beschriebenen Mitteln und seinem Protest von der Gesellschaft auszugrenzen, so ist er doch Teil des Kleinbürgertums. Die detaillierte, abbildliche Art und Weise, die Dinge in seiner Umwelt zu beschreiben, lassen immer wieder durchblicken, dass er viele Dinge naiv in Augenschein nimmt ohne sie zu hinterfragen. Die schrecklichsten Gräuel umschreibt er mit anderen Worten, z.B. als Sigismund Markus sich vor dem Anmarsch der Nazis vergiftet. (S.260) „Vor ihm (…) stand ein Wasserglas, das auszuleeren ihm ein Durst gerade in jenem Augenblick geboten haben musste, als die splitternd aufschreiende Schaufensterscheibe seines Ladens seinen Gaumen trocken werden ließ." Die nüchterne und umschreibende, fast schon beschönigende Art und Weise, wie Oskar vom Tod und den Gräueln der Nazis erzählt, gleicht dem Verhalten des Menschen in seiner Zeit, zu dessen Karikatur er sich macht.

Die Leute erkannten vielleicht einen Missstand, ein Verbrechen, einen Selbstmord aus Verzweiflung, sie sagten jedoch nichts und nannten die Dinge nicht beim Namen. So konnte man getrost alles, was Sorgen bereitete, unter dem Deckmantel der Schönfärberei verschwinden lassen. Natürlich charakterisiert und verurteilt dies die Mentalität der Menschen, die in der Nazi-Zeit genau dies praktizierten. Jeder guckte zwar hin, wenn die Verbrechen an den Juden begangen wurden, schaute danach aber weg. Oskars nüchterne Beschreibung in der Reichskristallnacht (S.259 „die Synagoge war fast abgebrannt, und die Feuerwehr passte auf, dass der Brand nicht auf die anderen Häuser übergriff."), spiegelt mit voller naiver Überzeugung das „Nicht-Wissen-Wollen" der Verbrechen an den Juden wieder, die bis dato noch angesehene Anwälte, Bankangestellte und Schriftsteller gewesen und in der Gesellschaft voll integriert waren.

Günter Grass lässt durch den Erzählstil seiner Hauptfigur, die durch diese die Karikatur der Menschen damals verkörpert, die Verbrechen der Nazis noch grausamer erscheinen. Dies hat aber noch einen weiteren Effekt: Oskar Matzerath selbst wird durch diese Sicht der Dinge dem Leser grausam und unmenschlich dargestellt. Genau wie der moderne Mensch lassen ihn die schrecklichen Ereignisse, sei es das Unheil der Welt oder der Selbstmord im Keller, kalt und gefühllos.

Nur eine Erzähl- und Betrachtungsweise im Angesicht des übersteigerten Subjektivismus und einer Portion Naivität – derart, dass diese schon parodistisch auf den Leser wirken – lässt eine Beschreibung der Gräueltaten der Nazis möglich und in einem Roman verarbeitbar werden. An wenigen, aber einigen Stellen tritt durch Oskar, den Erzähler, die offensichtliche Kritik Grass' an den Nazis an den Leser heran, denn Oskar ist zwar Karikatur des Kleinbürgertums, aber Allwissender in gleichem Maße und er schaut oft auch hinter die Fassade. Im Kapitel „Glaube, Hoffnung, Liebe" wird seine, bzw. Grass' Kritik an den Nazis offensiv (S.259-264).

In diesem Punkt ist die Hauptfigur ganz und gar keine Karikatur des Menschen seiner Zeit, weil er intelligent und glasklar die brutale Realität erkennt (S.261). „Ein ganzes leichtgläubiges Volk glaubte an den Weihnachtsmann. Aber der Weihnachtsmann war in Wirklichkeit der Gasmann."

Oskar spielt mit beiden Erzählelementen, der naiven kleinbürgerlichen Erzählerrolle, und der des auktorialen, intelligenten, scharfsinnigen Erzählers, der die Dinge genauso beschreibt und erkennt, wie sie gewesen sind.

An dieser Stelle lässt die Analyse den Schluss zu, dass Reich-Ranickis These von der Karikatur Oskars als Mensch seiner Zeit stimmt, aber eingeschränkt gesehen werden muss.

Denn Oskar beschuldigt nicht nur den Menschen der damaligen Zeit, indem er sich zu seiner Karikatur macht, er beschuldigt und kritisiert ihn an einigen Stellen sehr scharf, offensiv und ohne Umschweife und stellt sich somit auf die Seite des Lesers.

Er ist beides: Karikatur des modernen Menschen und der warnende Zeigefinger von oben.

Oft erfolgen diese Warnungen Oskars subtil und parodistisch. Der Leser ist sich nie sicher, ob er nun Kritik an seiner eigenen Rasse übt, oder ob er ebenfalls naiv aus der Sicht des Kleinbürgers erzählt. Diese geniale Autorenleistung von Günter Grass macht nicht zuletzt die Spannung des Romans aus und den Erzähler Oskar zu einer permanent ambivalenten Fiktionsfigur.

Infantilismus

Dass laut Ranicki der Infantilismus Oskars Programm ist, das wurde schon in meiner Arbeit zum Teil erläutert und kann daher bejaht werden.

Nur durch die Maske des Kindes, die Oskar Matzerath selbst wählt, kann er sich von der Welt fernhalten und sich von der Gesellschaft distanzieren, weil er nicht dazugehören will. Er mustert die Welt von unten und dies scheint ihm zu gefallen.

Oskars Infantilismus erfüllt in seinem Leben eine sehr wichtige Funktion: er gibt ihm Sicherheit. Als die polnische Post erobert wird, überlebt er nur, indem er die Maske eines Dreijährigen aufsetzt und auf Grund seiner gnomenhaften Statur auch als solcher erkannt wird. (S.317) „Oskar besann sich seiner Gnomenhaftigkeit, seiner alles entschuldigenden Dreijährigkeit und (...) zappelte, einen Anfall halb erleidend halb markierend (...)." Obwohl er nicht mehr weiter wächst, wird Oskar reifer und älter. Als er sich in Maria Truczinski verliebt, hat er eindeutige Absichten, sich ihr zu nähern, spielt ihr aber in ihrer Gegenwart immer noch das Verhalten eines Dreijährigen vor, der mit Sandförmchen spielt (S.348/349). Auf Grund dieser Komödie, die er allen Erwachsenen glaubhaft vorspielt – besonders seiner Mutter Agnes und ihrem Mann Alfred – wird er nicht als intelligentes Individuum ernst genommen. Für die Erwachsenenwelt gilt er als Zurückgebliebener mit autistischen Zügen. Oskar lässt die Menschen in seiner nahen Umgebung denken, dass er dumm ist, zum Beispiel, als er lesen lernt. (S. 112 „Es war gar nicht so einfach, das Lesen zu lernen und dabei den Unwissenden zu spielen.").

Mit seinem Infantilismus schützt er nicht nur sich selbst – er spielt scheinheilig und berechnend Theater. Obwohl er merkt, wie sehr er damit andere verletzt oder ins Verderben stürzt, hat er nur seine eigenen Vorteile im Kopf, was wiederum den schon erwähnten Hang zum absoluten Egoismus bestätigt. Seine Mutter ist ein Opfer seiner dargebotenen Vorstellung. Sie bedauert immer wieder zutiefst den von Oskar initiierten Treppensturz (S.73/74), in dem sie den Grund für die Anormalität und Autismus ihre Sohnes sieht, und will in ihrem Inneren nicht akzeptieren, dass ihr ein kleiner, zurückgebliebener Zwerg am Rockzipfel hängt, der immer nur eine Last in ihrem Leben sein wird. (S. 105) „(...) und sie nannten mich, Oskar, ein Kreuz, das man tragen müsse, ein Schicksal, das wohl unabänderlich sei, eine Prüfung, von der man nicht wisse, womit man sie verdiene." Diese Prüfung, vor die Oskar seine Mutter immer wieder stellt, lässt sie oft verzweifeln. In letzter Instanz ist dieses Verhalten auch ein Grund für ihren Selbstmord. Agnes will nicht noch ein weiteres Kind gebären, das abnormal ist, da sie mit dieser Schuld nicht leben kann und will. Oskar beobachtet all dies, ist aber nicht dazu bereit, seine Scheinexistenz aufzugeben, um seine Mutter zu retten. Er sieht, wie sie seit seinem Unfall leidet und nimmt dies als eine einfache Folge seiner Entscheidung hin, ohne letztere nur in Ansätzen zu hinterfragen.

In der schützenden Haut des Infantilismus zeigt sich folglich die Berechenbarkeit des Oskar Matzerath – er nutzt seine Existenzform dort, wo es ihm am besten passt, ohne Rücksicht auf Verluste. Er täuscht physisch und psychisch eine anderen Existenzform, eine andere Intelligenz und einen anderen Charakter vor und das bis zu seinem 21. Lebensjahr permanent. Er ist ein brillanter Schauspieler, dessen Vorstellung manchmal schon sehr dreist ist und dessen absolute Berechenbarkeit den Leser erschaudern lässt.

Doch die Maske des Kindes hat auch Nachteile für ihn. Auch Oskar wird ein Opfer der kindlichen Grausamkeit, z.B. als er von den Nachbarskindern gezwungen wird, die von ihnen gekochte „Ziegelsuppe" zu essen. (S.123) „(...) ich habe so etwas nie wieder gegessen, der Geschmack wird mir bleiben." In dieser Situation ist Oskar ein typisches Opfer, wie jedes andere Kind auch. Er ist Opfer und Täter gleichzeitig in seiner selbst erwählten Rolle des Zurückgebliebenen.

Doch ist die Formulierung des „totalen" Infantilismus, der Oskars Programm ist, richtig?

In der Erwachsenenwelt fällt durchaus Oskars Maske der Kindheit, z.B. als er in der polnischen Post mit Jan Bronski Skat spielt. (S. 307) „(...) als ich zum ersten Mal meine Stimme für die Sprache der Erwachsenen hergab, (...) blickte mich Jan (...) kurz und unbegreiflich blau an (...)." Auch als er mit dem Zirkus weggeht und seinem angebeteten Meister Bebra folgt, spricht er mit ihm wie ein intelligenter Erwachsener und zeigt hier sein wahres Gesicht (S. 421). Dass er klug, sinnlich und intelligent ist und sich wie ein Erwachsener verhält, ist also auch eine Seite seines Programms, das er der Welt darbietet. Oskar spielt mit diesen beiden Vorstellungen und macht seinen Charakterwechsel davon abhängig, ob er daraus Vorteile zieht.

Der Infantilismus ist also sein Programm, aber nicht sein totales. Wie meine Ausführungen gezeigt haben, wird klar, dass Oskar durchaus manchmal ein Teil der Erwachsenenwelt ist. Meist dann, wenn es um seine Passionen und wirklichen, ehrlichen Interessen geht.

Oskar – Verkörperung der absoluten Inhumanität?

Reich-Ranicki hat Recht mit der Aussage, dass die Romanfigur Oskar Matzerath zu einem großen Teil viele Züge der Inhumanität aufweist. Zwei Dinge müssen hierbei unterschieden werden: zum einen Oskars physische Eigenschaften, die kein normaler Mensch aufweist, und zum anderen seine psychische Eigenschaft der Unmenschlichkeit im Sinne von unmenschlicher Grausamkeit.

Die Nicht-Authentizität Oskars

Er kommt als „hellhöriger Säugling" klug auf die Welt und ist in der Lage, alles Schlechte der Welt sofort intelligent zu erfassen. Als Dreijähriger bestimmt er sein Schicksal selbst und überspringt geistig eine ganze Kindheit und Jugend. Kein Mensch ist dazu in der Lage und schon gar nicht, selbst sein Wachstum aufzuhalten und es mit 21 Jahren wieder „anzuknipsen."

Mit seiner Eigenschaft des Glaszerschreiens ist ihm ebenfalls eine Wunderwaffe mit in die Wiege gelegt worden, die es ihm ermöglicht, sich zu verteidigen und andere Menschen zu manipulieren. Diese Beispiele zeigen, dass Oskar viele Eigenschaften aufweist, die nicht menschlich sind. Sie unterstreichen sein

Dasein als eine fiktive, „phantastische Figur"[205] Grass', der diese in eine reale Welt gesetzt hat.

Unmenschlichkeit

Doch inwiefern ist Oskar unmenschlich, im Sinne von grausam? Gerade, wenn es um seine beiden „mutmaßlichen" Väter geht, entdeckt man bei ihm grausame und absolut unberechenbare Züge, die sich dem Leser als besonders unmenschlich darstellen.

Wie schon oben erwähnt führt Oskar Jan aus purem Egoismus in den Tod, in dem er mit ihm in die polnische Post geht, um endlich seine geliebte Trommel zu bekommen (S.281). Was mit seinem Vater im Folgenden geschieht, das ist ihm egal. Als die Heimwehr die Widerstandskämpfer und darunter auch Jan entdeckt, lässt Oskar die Männer der Heimwehr glauben, dass Jan „(...) ein unschuldiges Kind in die Polnische Post geschleppt hatte, um es auf Polnisch unmenschliche Weise als Kugelfang zu benutzen." (S.318). Seinen Vater braucht er nun nicht mehr. Er hat, was er wollte – seine Trommel – und nun wird der Vater wie ein lästiges Mittel zum Zweck einfach abgeschüttelt. Jan wird kurz darauf erschossen. Das kümmert Oskar wenig. Das einzige, was ihn in der polnischen Post kümmert, ist, dass seine Trommel nicht mit dem umherspritzenden Blut der Sterbenden befleckt wird. (S. 284)
„(...) würde das Blut dieser aufgerissenen, durchlöcherten Briefträger und Schalterbeamten nicht durch die zehn oder zwanzig Papierlagen hindurchsickern und meinem Blech eine Farbe geben, die es bisher nur als Lackanstrich gekannt hatte?" Was aus den armen Widerstandskämpfern wird, ob sie verbluten, Hilfe benötigen oder einen letzten seelischen Beistand, das kommt Oskar nicht annähernd in den Sinn. Eiskalt rettet er seine Trommel und das ist das Einzige, woran er denkt. In dieser Situation wirkt der Erzähler so, als hätte er keine Gefühle und nicht einen Funken Mitmenschlichkeit in seinem gnomenhaften Leib. Absolute Berechenbarkeit zeigt er auch, als er seinem zweiten mutmaßlichen Vater, Alfred Matzerath, das NSDAP Parteizeichen absichtlich zusteckt, als die Russen ihn und seine Familie im Keller entdecken (S.515). Oskar nimmt es in Kauf, dass Matzerath an dem Parteizeichen qualvoll erstickt und im Folgenden noch von den Kugeln der Russen durchlöchert wird. Mit Matzerath sterben auch die letzten Überreste der NSDAP (S.518).

---

[205] Reich-Ranicki, Marcel: Selbstkritik eines Kritikers .In: Westdeutscher Rundfunk am 22.05.1963 (Köln).

In Oskar stirbt gar nichts. Eher scheint es so, als seien seine ganzen Emotionen aus seinem Körper gewichen, als er seinen Vater durch seine Handlung umbrachte. Das Leben an sich scheint für Oskar nichts zu bedeuten, unwert zu sein. Als Maria von ihm schwanger ist, versucht er, das Baby zu töten, obwohl er der Vater des Kindes sein könnte. (S.387) „Je dicker meine Geliebte wurde, umso mehr steigerte sich Oskars Hass. So unternahm ich, als Maria in fünften Monat war, freilich viel zu spät, den ersten Abtreibungsversuch." Es folgen noch zwei andere Abtreibungsversuche, die glücklicherweise scheitern. Oskar ist zum vorsätzlichen Menschenmord fähig. Er verleugnet dies auch gar nicht und gibt ebenfalls zu, seine Familienmitglieder umgebracht zu haben. (S.531) „Er gestand sich ein, dass er Matzerath vorsätzlich getötet hatte."

Reich-Ranicki hat die Inhumanität dieses Wesens klar erkannt. Es ist wahr, dass Oskar jenseits ethischer Gesetze und Maßstäbe in dem oben beschriebenen Verhalten die absolute Unmenschlichkeit verkörpert. Wann kann ein Mensch jedoch so handeln? Wie kann ein Mensch zum Unmensch werden? An Oskar selbst zieht der physische Tod immer wieder vorüber. „Er entgeht der Spritze, die Hitlers Ärzte für ihn, den Gnom bereithalten; er entgeht dem Untergang Danzigs; er entgeht einem letzten Mordprozess, den ihm ein rächender Zufall eingetragen hat."[206] Oskar stirbt nicht, wie fast alle seine Familienmitglieder und ihn scheint ihr Tod, für den er verantwortlich ist, nicht zu berühren. Vielleicht kann Oskar nicht sterben, weil schon ein Teil in ihm psychisch abgestorben ist. Sind es die Gefühle, abgetötet durch so viel Grausamkeit, die er in seinem Leben erlebt hat? Oder ist es die schlechte Welt, die seine Menschlichkeit getötet hat? Im zweiten Weltkrieg töten Menschen andere kaltherzig, weil sie dazu gezwungen wurden, sich die Grausamkeit des Krieges anzusehen und an ihm teilzuhaben. Krieg ist unmenschlich und zuviel Grausamkeit erträgt der Mensch nicht. Er schützt sich und stumpft ab, handelt gefühllos und reagiert ebenfalls mit Grausamkeit.

Vielleicht verkörpert Oskar gerade in diesem Punkt nicht die Inhumanität, sondern die Humanität, weil er symbolisch einen der Menschen dieser Zeit darstellt. Die Kritik von Reich-Ranicki kann so wieder differenziert betrachtet werden.

Was der Leser außerdem erfährt, ist, dass Oskar lieben kann. Seine Mutter und Maria liebt er von Herzen. Oskar ist grausam und unmenschlich, aber nicht

---

[206] Nolte, Jost: Oskar, der Trommler, kennt kein Tabu. In: Die Welt vom 17.10.1959 (Hamburg).

durchweg. Er hat viele menschliche, aber auch einige emotionale Züge (wenn auch wenige), so wie jedes Individuum. Die „absolute Inhumanität", die Reich-Ranicki Oskar zuschreibt, ist daher ein zu starkes Wort. Oskar ist nicht die vollkommene Verkörperung der Inhumanität, sie ist eher ein großer Teil von ihm.

Fazit

Meine Erläuterungen haben gezeigt, dass jede These Marcel Reich-Ranickis in Bezug auf die Hauptfigur des Romans „Die Blechtrommel" von Günter Grass wahr ist.

Jedoch wirkt seine Kritik zu verallgemeinert und zu starr, um die Figur und den Erzähler Oskar Matzerath wirklich zu erfassen. Sie muss daher eingeschränkt und sehr differenziert betrachtet werden.

Die von Grass erfundene Figur Oskar Matzerath ist so vielschichtig und komplex, dass es schwer fällt, sie auf bestimmte Eigenschaften oder Charakterzüge festzulegen.

Diese Figur verfügt über keine Individualpsychologie, weil sie durch ihre Eigenschaften durchweg eine unrealistische Hauptfigur bleibt, die von Grass in ein reales Szenario gesetzt wurde.

Es sind zu starke Begriffe, die der Kritiker Reich-Ranicki in seiner Kritik verwendet. Seine Aussagen, Oskar protestiere gegen „die Existenz schlechthin", der „totale Infantilismus" sei sein Programm, und er sei die Verkörperung der „absoluten Inhumanität", lassen nicht genügend Freiraum für eine vielschichtige Betrachtung der Figur. Diese Begriffe sind viel zu restriktiv, daher treffen die Aussagen Reich-Ranickis nur zum Teil zu.

Allgemein lässt sich sagen, dass seine Kritik zu negativ ist. In jedem meiner analysierten Punkte kam ich zu dem Schluss, dass keine Aussage des Kritikers so stehen gelassen werden kann, weil viele durchaus positive Eigenschaften und Charakterzüge der Figur ebenfalls in die Kritik Eingang finden müssen, genauso wie auch die Interpretation der positiven Intention des Autors. Gerade durch die oft naive und subtile, aber auch unmenschliche und grausame Betrachtungs- und Handlungsweise der Hauptfigur wird die Kritik Grass' an den Nationalsozialisten und ihren Verbrechen sehr laut. Der Leser muss sich permanent fragen, ob der Erzähler die vielen Gräueltaten, die er harmlos und manchmal durch die Brille der Schönfärberei beschreibt, wirklich so naiv sieht oder ob er mit diesem Erzählstil durch eine Ironie absolute Kritik an den damals begangenen Verbrechen übt.

Indem der Leser sich immer wieder Fragen stellen muss, wird er ständig vom Autor aufgefordert, sich mit diesem Teil der deutschen Geschichte auseinanderzusetzen.

Dies ist wahrhaft eine Meisterleistung von Günter Grass, denn er entgeht damit der Versuchung, dem Leser eine kritisierende und vernichtend negativ dargestellte deutsche Vergangenheit aufzuzwingen.

Sich mit den Verbrechen Hitlers und der Nationalsozialisten zu beschäftigen, erscheint mehr als schwierig, weil eine objektive Betrachtungsweise der Geschehnisse damals auf Grund ihrer Grausamkeit fast unmöglich ist.

Grass verarbeitet durch seine Hauptfigur nicht nur die Geschehnisse des 3. Reichs, sondern kritisiert in diesem Kontext auch den Menschen und seine Existenz an sich und zeigt „das Leben in seiner nackten, heißesten, herrlichsten und hässlichsten Form. (…)"[207]

Der Autor zeichnet durch seinen Erzähler Oskar Matzerath ein „makabres Porträt des Menschen"[208] und zeigt seine Abgründe in allen Abscheulichkeiten auf. Dabei schreckt er vor keinem Tabu zurück. Offensichtlich konnte der Kritiker Marcel Reich-Ranicki ihm dies nicht verzeihen und schrieb neben vielen anderen Beweggründen nicht zuletzt auch deswegen seine vernichtende Kritik des Welterfolges „Die Blechtrommel."

Der Held Oskar selbst scheitert an der schlechten menschlichen Welt, deren Teil er selbst ist und die ihn produziert hat. Er zieht sich in eine Heil- und Pflegeanstalt zurück, der einzige Ort, an dem er noch Abstand von ihr wahren kann. Dort bleibt ihm nur noch das Trommeln. Er hat freiwillig die Zivilisation aufgegeben und bleibt fortan in seiner eigenen Welt, da er die andere Welt draußen nicht mehr beeinflussen will und kann. (S.777).

Worin ich persönlich den Sinn des Buches sehe, beschreibt in „Die Blechtrommel" Grass' Parodie der Nachkriegsgesellschaft durch Oskars Beschreibung des Zwiebelkellers. Dort werden die Menschen durch einfache Zwiebeln zum Weinen gezwungen, um die Vergangenheit zu verarbeiten, die sie verdrängt haben und nicht alleine bewältigen können.

---

[207] Tank, Kurt Lothar: Der Blechtrommler schrieb Memoiren. In: Welt am Sonntag vom 04.10.1959 (Hamburg: Axel Springer Verlag).
[208] Schüler, Gerhard: Die Blechtrommel. In: Göttinger Tageblatt vom 30.01.1960 (Göttingen).

Grass' Werk zwingt zur Verarbeitung der deutschen Geschichte und bringt den Leser an seine Grenzen. (S.693)

> (S.693) „ Da wurde geweint. Da wurde endlich wieder einmal geweint."

Und das ist gut so.

Literaturverzeichnis

Primärliteratur:

Grass, Günter: *Die Blechtrommel*. (München: DTV Verlag ^{6}**1997**)

Sekundärliteratur:

Geiger, Hans-Ludwig: *Alarm auf einer Blechtrommel*. In: Evangelischer Literaturbeobachter vom Dezember 1959 (München)

Neuhaus, Volker: *Erläuterungen und Dokumente. Günter Grass. Die Blechtrommel*. (Stuttgart: Reclam 1997)

Nolte, Jost: *Oskar, der Trommler, kennt kein Tabu*. In: Die Welt vom 17.10.1959 (Hamburg)

Reich-Ranicki, Marcel: *Auf gut Glück getrommelt*. In: Die Zeit vom 01.01.1960 (Hamburg)

Reich-Ranicki, Marcel: *Selbstkritik eines Kritikers* .In: Westdeutscher Rundfunk am 22.05.1963 (Köln)

Schüler, Gerhard: *Die Blechtrommel*. In: Göttinger Tageblatt vom 30.01.1960 (Göttingen)

Tank, Kurt Lothar: *Der Blechtrommler schrieb Memoiren*. In: Welt am Sonntag vom 04.10.1959 (Hamburg: Axel Springer Verlag)

Einzelbände

Anke Badulf. Die Darstellung von Geschichte in Günter Grass' Roman "Die Blechtrommel".

ISBN: 978-3-638-70024-5

Melina Pütz. Wer ist Oskar Matzerath? (Günter Grass: Die Blechtrommel).

ISBN: 978-3-638-91733-9

Nina di Nunzio. Die Blechtrommel als fiktive Autobiographie.

ISBN: 978-3-640-39221-6

Linda Neuhaus. Die Blechtrommel – Zur Kritik von Marcel Reich-Ranicki.

ISBN: 978-3-638-79071-0